[荷] 朱莉 · 德 · 格拉夫　著
[荷] 温迪 · 潘德斯　绘
傅豪　译

大人们的秘密

为什么大人们不愿意出门，
自己躺在床上吃薯片
却总是唠叨你应该多吃蔬菜？

湖南教育出版社
· 长沙 ·

致马森和波阿斯，
只有你们的父母，
不在床上偷偷吃薯片。

—— 朱莉·德·格拉夫

中文版序

亲爱的中国小读者，你好！

你现在在读这本书真是太棒了！在这本书里，我希望你能发现很多关于那些疯狂的大人的秘密，他们在想什么，他们在做什么，以及他们为什么会这样做。当然，我不敢说自己了解地球上所有的大人，但我敢打赌，在你身边的大人也是经常刷手机，唠叨你要多吃蔬菜，并总是抱怨你睡得太晚了，实际上真正睡得晚的明明是他们自己！！因为我生活的地方，在世界的另一端，一个叫做荷兰的国家，这里的大人也是这么干的。

大人的相似之处远不止这些，我非常肯定的一点是：全世界的大人都有点“奇怪”。而你，有了这本书，会更懂得如何去应对这种“奇怪”。

带着你的爱。

P.S. 把你的西蓝花吃光光！

朱莉

警告 Warning

重要的事情说三遍：

不适合大人！

不适合大人！！

不适合大人！！！

这是一本关于大人，但是只适合孩子使用的书。

如果你正在给孩子读这本书，你可以留下来。如果不是，**请出去**，这儿没有你的事！

你不用担心，我真的不会**泄露**任何重要的成长秘诀，也不会教孩子们怎样想办法**对付你**！

所以，家长们，**现在就把书合上吧**！

嗯，做得好。

再见！

警告 Warning

那么现在，那些不是和孩子们一起读书的父母都**消失**了吗?

太好了，孩子们，现在我将揭示各种重要的**大人们的秘密**，以及如何让大人们**乖乖听话**的技巧!

来吧，这是属于你们的**大人使用手册**!

这本书在讲什么？

Part 3 这就是他们的感受

Part 4 这就是他们的想法

那些奇奇怪怪的大人

无论你喜欢与否，你的生活都与大人有很多关系。这些“大人”是你的父母、你朋友的父母、你的老师、你的医生、街角的比萨店老板、公交车司机、你的邻居。

他们无处不在，而且往往非常“专横”。大人们决定你必须去上学，决定你什么时候睡觉，决定你可以玩多长时间的游戏（当然对你来说，玩游戏的时间总是太少了），还要决定你必须吃多少蔬菜（当然吃蔬菜对你来说总是太多了）。

除了专横之外，他们还非常“奇怪”。当然，你也许已经知道了这一点，但我收集了一些证明他们“奇奇怪怪”的关键证据：

证据 1：他们想要“独处的时间”，但有了独处的时间，又从来都没有好好地玩耍。

证据 2：他们一直在背地里吐槽邻居烦人，但当他们在街上遇到邻居时，又总是表现得过分友好。

证据 3：他们经常在镜子前转来转去仔细打量，看看他们的屁股装在穿的裤子里是什么样子。（嗯，正如你们大孩子所知道的一样，这屁股和昨天并没什么不同。）

你是否知道，到处都是各种各样的为大人写的书，这些书都是关于如何与你们这些孩子打交道的，包括如何让你多吃蔬菜，如何让你收拾房间。所以我觉得，你也必须自己弄清楚如何与大人们打交道。

好吧，我这本书就是为你写的！

我将告诉你需要知道的关于大人们的一切。比如，为什么他们有如此无聊的爱好？为什么他们早上有时闻起来很臭？当然，更重要的是，如果与大人们发生冲突，你该怎么做？我会为你提供一些巧妙的沟通技能以及应对的技巧，让你更容易达到自己的目的。而且我还会透露一些重要的大人们的秘密——比如，世界上很多的父母都在偷偷地吃薯片。

当他们告诉你因为马上要吃晚饭所以不能吃零食时，你该怎么办?

如果你想解决这样具体的问题，可以去本书后面的“索引”中查找。（例如，要回答为什么他们早上闻起来这么臭的问题，请查看索引 K 下的“口臭”！）

当然，你也可以从头开始看。

那样的话，当你读完这本书时，将成为一名真正的了解大人的专家。

你什么时候才成为大人呢？

在我向你介绍大人之前，有必要先明确我所说的“大人”指的是谁。在世界上大多数国家，从满十八岁的那一天起，你就是一个大人了。从那天开始，你就会被正式允许做跟大人一样的事情，比如开车、喝酒、买房子、从银行借钱（去买那栋房子）、熬夜，并自己决定是不是天天吃煎饼。

渐渐长大

当然，并不是说 17 岁零 364 天的时候你还像个孩子一样晚上正常入睡，然后 18 岁生日一到，你醒来的时候——砰砰砰——就变成了一个大人！

幸好不是这样的！

从 10 岁开始，你进入青春期，你的身体和大脑就会一点点向大人靠拢。

18 岁左右你成长得最快，到那个时候，大家都同意，你是一个称为“大人”的人了。

随之而来的，你可以做的事情和不可以做的事情都会发生变化。

这些变化不是从你 18 岁生日开始，而是一直伴随着你的成长。从你出生的那一天起，你就有权利受到父母的照顾。从 6 岁起你就必须上学，我们称之为“义务教育”。随着年龄的增长，你会获得越来越多的权利（你可以做的事情）和义务（你必须做的事情）。

你能猜出你从几岁开始可以做以下事情吗？

你什么时候可以做……

在选举中投票	从18岁开始
没有父母陪同，独自乘坐飞机旅行	从5岁开始（但必须由航空公司工作人员陪同）
剪奇怪的发型	从0岁开始（所以直接去剪吧！）
开设你自己的社交媒体账号	从16岁开始
在电影院里放很臭的屁	好吧，这也许可以从0岁开始，但这并不意味着你一定要去电影院放这个屁
获得驾驶执照	从18岁起
上班	从16岁起，你可以在放学后、周末或寒暑假从事兼职工作
在海洋球池里玩耍	从3岁到9岁（至少在宜家是这么规定的）
入狱	从 12 岁开始——但前提是你做了非常非常糟糕的事情
买不到想吃的糖果，在超市的地上撒泼打滚	从0岁开始——其实80岁时你仍然可以这么干，但从5岁开始其他人就会用奇怪的眼光看你

Part 1

这就是
大人们的样子

1. 高矮 / 胖瘦 / 颜色

什么是大人？

大人可不是“大”的人，我们判断大人的标准只有一个：是否满 18 岁！

即使某人的身高根本不算高大，但只要他年满 18，他就是大人。

大人有不同的类型，也有不同的特征：高、矮、胖、瘦，黑皮肤、白皮肤、黄皮肤……（特点太多，写不下了。）

高个儿和矮个儿

在上海的迪士尼乐园，想要坐“七个小矮人矿山车”，必须达到 97 厘米。恭喜你们，都能玩这个项目了。

但是大人有一个特权，他们想要玩什么项目，可没有这个身高的限制。

有的大人由于生长障碍，虽然已经是大人，但是身高却不高。

比如来自印度的乔蒂·阿姆格，她只有 62.8 厘米高，这比大多数半岁的婴儿还要矮，尽管如此，乔蒂依然是“大人”中的一员。

因为她早已 18 岁了。

还有长得很高的高个子：来自土耳其的苏丹·克森，一个身高 251 厘米的巨人！要

乔蒂·阿姆格　苏丹·克森

知道大多数的门都只有 2 米高，所以苏丹的烦恼就是，每次进出的时候都不得不弯下腰。

越长越高的中国人

你能长多高很大程度上取决于你父母的身高，大多数孩子最终会长得比父母略高一点，就像树人格鲁特一样。当然，前提是你吃得足够健康，这也是为什么你的父母经常唠叨你必须吃蔬菜的原因。

你能长多高还取决于你出生在世界的哪个地方。日本人的平均身高比美国人要矮得多，美国人比荷兰人矮得多，荷兰人又比……好吧，没法比了，荷兰人的平均身高世界第一，荷兰女性的平均身高是 171 厘米，荷兰男性的平均身高是 184 厘米。

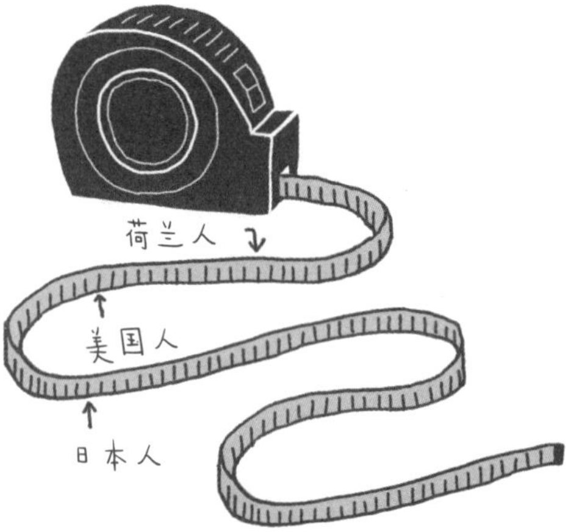

而在过去的 30 年里，中国人越来越高，尤其是中国的男孩子，是世界上身高增长最快的群体之一。

嗯，对，说的就是正在看这本书的你。

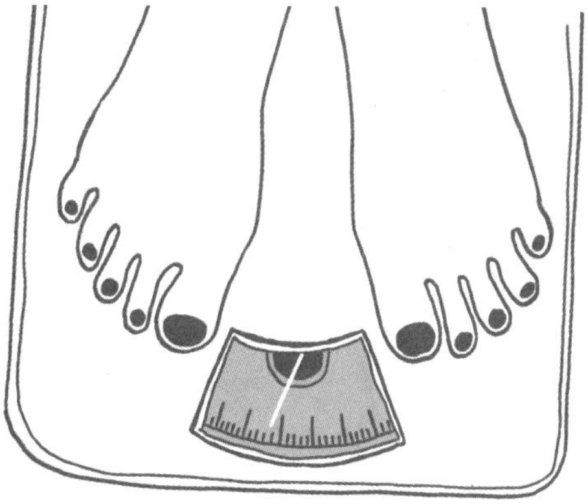

胖和瘦

有些大人很胖，有些很瘦，大多数不胖也不瘦。人们的胖瘦主要与身体机能、身高、运动量、饮食量以及健康程度有关。

你想啊，一个整天坐在电脑前、开车去上班、晚上就一屁股坐在电视机前吃薯片和巧克力的人，可能比骑自行车上班的人重很多，因为运动锻炼身体会有助于保持身材。

但这也不是绝对的，也有很多大人整天不运动，吃的食物也不健康，依然很瘦。

而有些大人运动量大，饮食也健康，但还是会胖一点，因为他们块头大。

所以，一个人是不是健康，可不能单看他的体重。

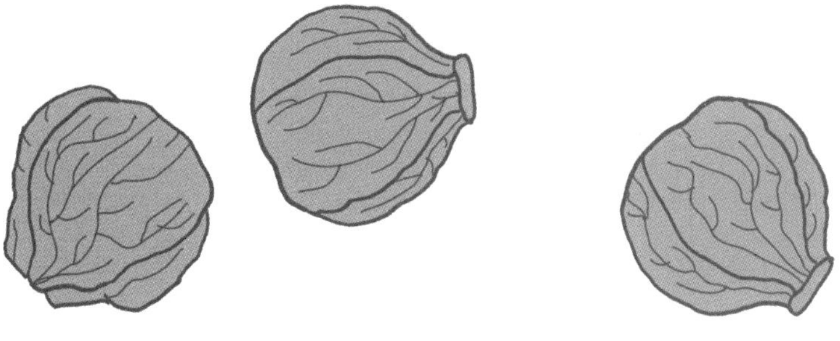

越来越胖

世界各地的大人们体重都在增加，这并不奇怪，因为人们现在吃得越来越不健康，到处都是糖果、奶茶和油炸小吃。

在许多国家，这些不健康的食品比水果或蔬菜还要便宜！比如在美国，麦当劳的一份开心乐园餐只要不到 5 美元（约合 35 元人民币），你知道这份开心乐园餐包括什么吗？薯条、一个汉堡包、一杯饮料，还有一个玩具！

如果你想自己做饭，买一块三文鱼、一些西蓝花和全麦米饭，只花 5 美元？

哼，想得美。

而且你还必须自己做饭。

而且你还得不到饮料，也没有玩具！！

健康的生活方式

医生和科学家建议大人们过健康的生活，并以此来影响自己的孩子们。（这里要画重点，医生、科学家，这可是你说服大人们的核武器！）

健康的生活方式其实并不难，以下是对成年人（和儿童）最重要的建议：

- 每周锻炼几个小时
- 吃足够的水果和蔬菜
- 不要摄入太多的糖、盐和脂肪

只要能做到以上几点，那么就能够证明你的生活方式是健康的。所以，偶尔放纵一下也是可以的，比如早餐时来一块黄油牛角面包，或者每天选择一顿饭敞开了吃，或者饭后来一包薯片、一块奶油巧克力慕斯，哦哦，或者在炎热的夏天吃一个非常非常大的冰淇淋……

等等等等，不好意思我跑题了。

我的观点是：如果你每天做足够的运动，并保证吃足量水果和蔬菜，那么你就可以吃一些非常美味（但可能没那么健康）的东西，只是不要过量，也不要每天都敞开了肚皮吃。

小贴士：训练师营业执照

恭喜，现在我任命你为你家的运动训练师。

你可以向父母提出挑战，一起锻炼身体，哪怕多走路也行。

比如你可以要求父母每天走 10000 步，如果他们完不成，就给你 10 块钱。

或者你有没有自己喜欢的运动？你可以在自己锻炼的时候，要求你的父母也动起来。

别对他们太狠，别要求他们立马去跑步 2 小时。

每天散散步，走上一段路，也非常健康。这不需要费他们什么力气，才更容易让他们坚持。

肤色

大人也有各种不同的颜色。

不不不，不是绿色或紫色，而是黑色、白色、黄色和棕色。

你的皮肤呈现什么颜色取决于身体中产生的一种物质——黑色素。深色皮肤的人比浅色皮肤的人产生更多的黑色素。

你的皮肤越黑，阳光就越不容易灼伤你。白皮肤的人更容易晒伤和灼伤，所以他们需要更多户外锻炼，来适应阳光的照射。

来自你父母的

就像眼睛和头发的颜色（以及你早晨的心情）一样，你的肤色也是从父母那里遗传下来的。他们的肤色当然也是从他们的父母那里遗传的。

那么问题来了，两个肤色不同的大人在一起生孩子时，他们的孩子会是什么颜色呢？

哈哈，这就会像拆盲盒一样了。白人和黑人的孩子可能是白色、黑色或浅棕色皮肤。

比如英国有对双胞胎米莉和玛西娅：

她们的父亲是黑人，母亲是白人。你猜怎么着？米莉是黑人，而玛西娅是白人。

有趣吧？

注意！大人的秘密

有些大人对肤色相当挑剔。比如，他们会认为因为某人的肤色与自己不同，就判定那个人“不同”，觉得他比不上自己。这一类的大人往往不太聪明，因为肤色并不能代表什么。

2. 女的 / 男的

儿童通常分为男孩和女孩，成人则分为男性和女性。男性和女性到底有什么区别？

真正的差异

男人和女人真正最大的区别在于他们的身体构造：如果你有阴道，那么你就是女人；如果你有阴茎，那么你就是男人。

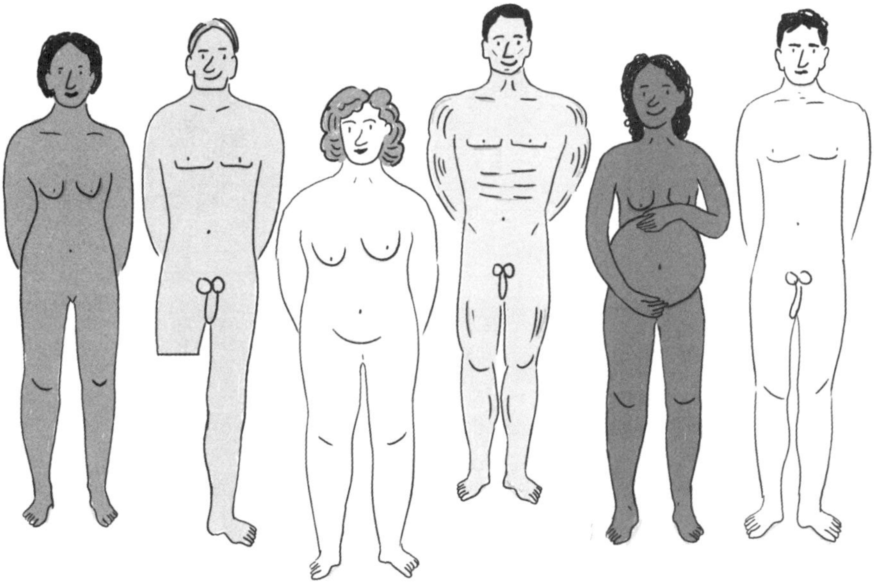

女性和男性的身体会产生不同的物质，我们将这些物质称为激素。女性体内有大量的雌激素，确保女性乳房发育并且可以怀孕；而男性则拥有更多的睾丸激素，这种激素可以让肌肉更强壮有力。

除此之外，男性和女性的身体在大大小小很多方面都有不同的工作方式。

但这对男人和女人的性格有很大影响吗？

并没有。

大人们的喜好、兴趣和性格各不相同，更多地与他们的个性有关，而不是取决于其性别。

假假的差异

其实，有很多关于性别的观念、想法都是由大人们创造的，并不是一成不变的。

例如，你知道吗，粉色曾经被视为男孩的颜色，蓝色则被视为女孩的颜色，是不是让人惊掉下巴？ 100 多年前，男孩女孩都留长发，都穿白色连衣裙。在美国，那时的孩子们直到 7 岁才第一次去理发店。

而如今，许多大人认为蓝色和短发更适合男孩，而粉色和长头发则是女孩的专属。

孩子们也是这么认为的。

但要知道，你这么认为的原因是：你出生就是女孩，所以你的世界里被大人打扮得只有粉红色，你看到的其他女孩也都穿粉色，你就会告诉自己粉色真的很适合你。

是时候看到另一种可能了：你是女孩，粉色的确是一种超酷的颜色，可是你却觉得粉红色非常丑，而且你喜欢剪短发；或者你是男孩，却喜欢粉色，因为它让你闪闪发光，而且，你想留长发。

所以，重要的是，做自己想做的事，并且找到自己喜欢做的事情。

注意！大人的秘密

世界上有接近一半的大人每个月都会有几天失血，我们称之为月经或例假，通常女孩会在 11 岁左右时开始来例假，大约会持续四十年。

你的爸爸妈妈通常不会跟你谈论这个话题，哪怕你发现了妈妈每个月会有那么几天好像有点怪怪的。

在世界上的某些地方，这甚至是根本不能被谈论的。

但例假是身体运作的重要组成部分。

世界上有将近 40 亿人（4 000 000 000！）一生中都会经历例假。所以这是最最正常的事情，没有什么可羞耻的。

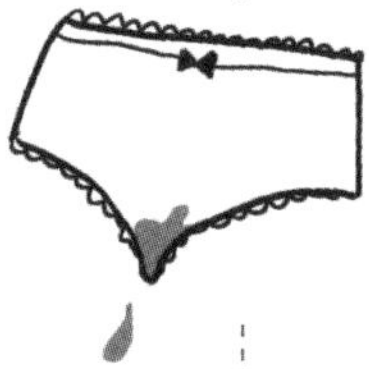

越来越多的大人开始明白这一点，并且不再遮遮掩掩，敢于公开讨论和解释。

尤其是对你们。

一个有趣的事实是：许多女性在例假前对巧克力有着巨大的、无法满足的、可怕的、疯狂的渴望。我猜，巧克力中一定有人体可以利用的某些物质，能帮助她们愉快地迎接那几天。当然它也非常好吃！

嗯嗯，你最喜欢什么口味的巧克力？我最喜欢简单的牛奶巧克力，或者加一些海盐、焦糖，加点儿橙子也不错，或者……

等等，我们在谈论什么？

哦，是的，我们在讨论例假！

3. 到处都是毛发

大人和头发的关系很复杂。

有的真的真的很想要拥有头发，有的却非常想剪掉头发，然后他们会想出最疯狂的办法，来实现各自的目标。

身体上的毛发

现在，来找一下你身上的毛发：头发、眉毛和睫毛，但如果你仔细观察，就会发现胳膊和腿上也有一层薄薄的毛发。

当你进入青春期，通常是 11 岁或 12 岁，你的身体会慢慢发生变化，胳膊跟腿上的毛发会越来越密，其他部位也会开始长毛，比如阴道或阴茎附近（有趣的是，我们称这里的毛发为“阴毛”）。

对了，你的腋下也会开始长腋毛。

男孩的毛发

除了以上这些，男孩还会收到一些额外的毛发作为大自然的礼物。在青春期，他们的下巴、脸颊和鼻子下面也会长出毛发，我们称之为“胡须”。

但不用担心，你不会马上变成圣诞老人。一开始，你的上唇会冒出几根颜色更深一点的毛毛，然后慢慢地变多。通常在 20 多岁时才会长出真正的胡须。

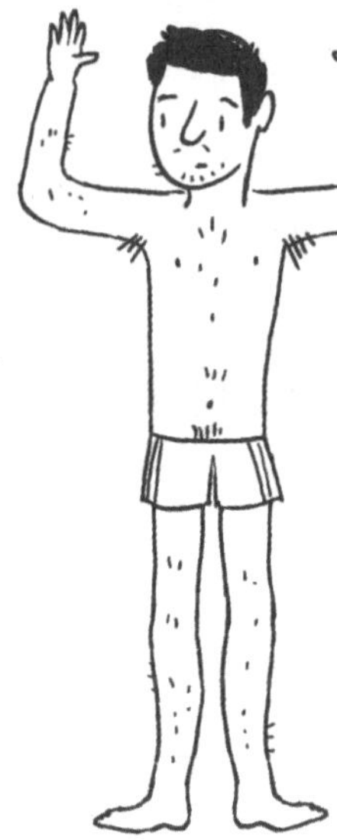

大约也是在青春期，有些男孩的胸部、背部甚至臀部也会开始长毛。年龄越大，这些部位的毛发就越多。别以为你身上的毛发已经够多了，有些男的50岁了，还会从耳朵和鼻子里长出长长的毛发！

毛发太多了怎么办？

嗯，大人们都有毛发，并且各种毛发各有用途。

例如，因为头发一直在长，所以大人们总是要去理发。

女士的毛发

许多女性都希望身上的毛发尽可能少。她们会除掉腿上、腋下的毛发。这并不是因为这些毛发不好，而是去掉了会看起来好像美丽、雅观一点。

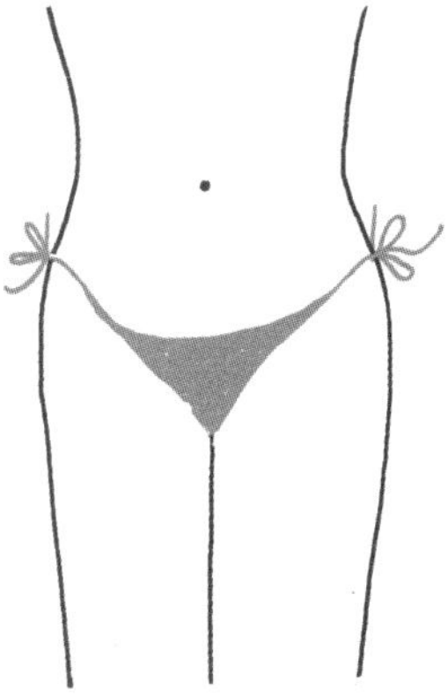

男士的毛发

除了头发，大多数男性还需要经常处理的就是他们的胡须。因为一旦胡须开始生长，他们就必须每天刮脸才能让自己看起来干净清爽。如果他们选择留胡子，也必须花时间护理，甚至还有特殊的胡须修剪器，这个神奇的小家伙可以帮助大人将胡须剃成他们喜欢的形状。

有些男人也会选择去除或剪短体毛。例如，许多男性运动员都剃腿毛。自行车运动员和跑步选手都认为有一双光滑的腿，自己的速度会快一点，并且在比赛后可以更轻松地按摩疲惫的双腿。当然，这些有可能都是借口，他们也许就只是喜欢剃掉腿毛而已。

注意！大人的秘密

很奇怪的是，有很多大人认为女性应该去除腋毛和腿毛，但男人有腋毛和腿毛是很正常的。那可是一模一样的腋毛和腿毛啊！

幸运的是，当你成为一个大人之后，可以自己决定要不要剃腋毛和腿毛。

脱毛

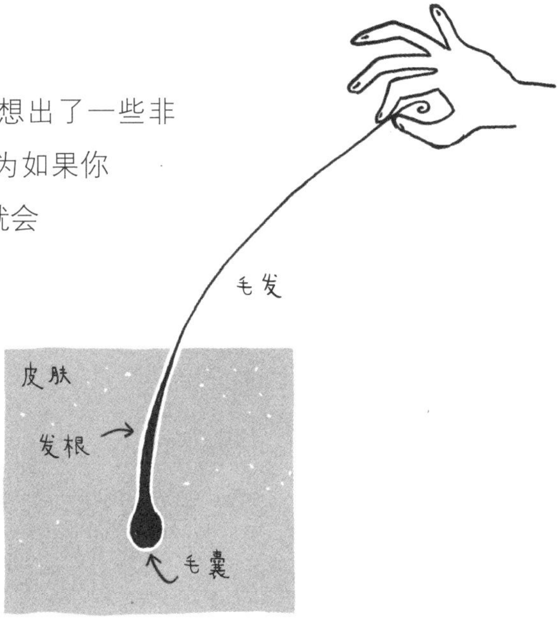

好吧，你先别慌，大人们想出了一些非常痛苦的方法来去除体毛。因为如果你剪掉或剃掉它，两天后，它们就会又高高兴兴地从你的身体里长出来。所以大人会选择拔掉他们的体毛，这样一来，至少需要两周时间，毛发才能再次长出来。

你可以用镊子拔出毛发，我们称之为“脱毛”。另一种脱毛的方法是打蜡。大人是这样干的：在腿上涂一层黏稠的蜡，然后将一张胶纸或胶布放在上面，它们会粘在蜡和毛发上，但不会粘住皮肤。当你扯掉胶纸或胶布时，你可能还没有反应过来，感受到疼痛，就已经把这些毛发连根拔掉了。

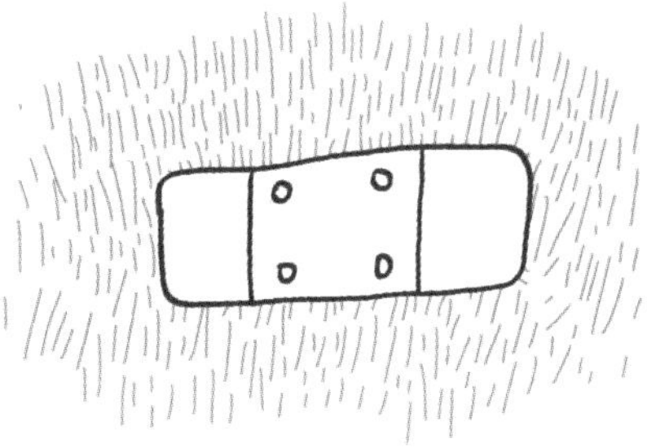

哈哈，我开玩笑的！

那个可是真疼啊！！你是否曾经有过这样的经历：创可贴粘得很紧，但你却不得不把它撕下来？哎哟！打蜡脱毛就是这样的感觉。

大人通常不会自己搞这些，他们会去打蜡店，付钱来“遭罪”。

这些大人啊，真是奇怪的家伙。

秃头

很多男性随着年龄的增长会开始掉头发，然后他们的后脑勺就会出现一块光溜溜的头皮，甚至是一根毛也不剩了。许多人对这种秃头感到恼火，干脆把剩下的头发也剃得很短。这是一个聪明的做法，这样一来大多数地方仍然可以看到很短的头发，真正秃的地方就不那么明显了。

让头发变多的魔法

对于那些非常介意自己秃头的大人来说，有一种手术可以长出新的头发，那就是所谓的毛发移植。方法是把毛囊从仍有大量头发生长的地方，例如后脑勺的底部，移植到秃了的地方。

毛囊就像一个长着头发的花盆。把一个个毛囊小心地移植到秃顶的地方，以便头发继续在那里生长。这个操作很麻烦，而且价格也不便宜，费用可能高达 5000 欧元（约合人民币 4 万元）。用这笔钱你可以买 3333 个巧克力奇趣蛋！

头发花白

年纪越大，大人的白发就越多。有些大人在 20 多岁时就长出了第一根白发，而另一些人则直到 60 岁才出现白发。大多数大人在 30~35 岁之间第一次长出白发。有些大人，尤其是女性，会主动把头发染成白色，因为她们觉得白发看起来更酷。

酷酷的头发

对于许多成年人（实际上对于儿童来说也是如此），头发可不仅仅是一撮碰巧从头上伸出的毛毛，也是一种展示你是谁以及你认为什么很酷的方式。因此，及腰长发、寸头、莫西干发型、爆炸头等等，长大后你可以按照自己喜欢的方式选择发型，也展示你的个性。

4. 化妆

大人其实都是虚荣的，他们想要自己看起来漂漂亮亮的，所以会做各种昂贵的、奇怪的，甚至是痛苦的事情来打扮自己，让自己看起来更好看更年轻。

你能想象吗，在屁股里装上一个“水气球”，或者在脸上打一针“毒药”！他们可真干得出来！

千年彩妆

化妆已经不是什么新鲜事了。你可能也看到过你妈妈的梳妆台上摆满了大大小小的瓶瓶罐罐，疑惑过她只有巴掌大的一张脸，为什么需要涂这么多东西。

4000 年前，古埃及的大人就已经开始使用化妆品了。他们将油与蜂蜜混合在一起涂在脸上，让自己的皮肤更光滑；还用烧焦的木头制成的黑色粉末在眼尾画上一条黑线。

4000 年后的今天，这些依然在发生，大人购买各种各样的护肤品、化妆品，使用一些医疗手段，让自己的皮肤更细嫩、嘴唇更红艳、眼睛更有神、睫毛更卷翘。

承诺很多，兑现很少

每年都会有新的（而且价格昂贵！）面霜上市，号称可以让大人的皮肤更加有光泽、更加紧致。

有些面霜大概、可能、某种程度上可以帮助减少皱纹，但大多数面霜对皮肤其实没有多大作用。很多医生和科学家一直在说，大人根本不需要面霜来保持皮肤健康，唯一有用的就是防晒霜。

然而，各大公司仍在不断推出各种新奇的花招来销售他们的面霜。“我们这款面霜里用到了钻石的粉末”“这款面霜里用到了在亚马逊雨林手工采摘的卡姆浆果！”“我们用到了来自彩虹之地闪光谷的磨碎的独角兽的角的粉末！”（好吧，我承认最后这个是我编的。）

那么大人呢？他们心甘情愿上当，并继续掏钱购买昂贵的面霜。

优秀的大人呀……

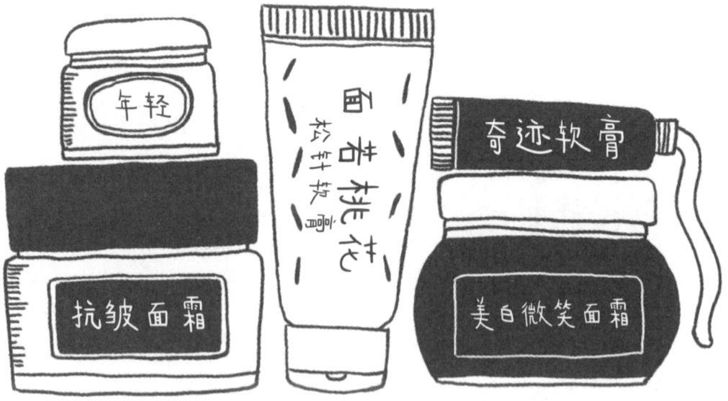

屁股里的“水气球”

有些大人对身体的某些部位非常不满意，他们可能会选择用整容手术来做一个彻底的改变。现在你已经对大人有了更多的了解，你来猜一猜这些“手术”是否痛苦（通常是的）， 以及它们是否昂贵（很明显！）吧！

不管你怎么想，大人都为此绞尽脑汁。例如，他们会在臀部放一种“水气球”，这样他们的臀部就更翘了。或者使用肉毒杆菌，这是一种注射到肌肉中的微量毒药（惊恐！），能暂时把肌肉“冻住”。通常人们把它注射在额头，因为大多数人随着年龄的增长，额头上都会出现皱纹。肉毒杆菌可以在几个月内防止他们皱眉，这样他们的额头看起来就没有皱纹了。当然，他们要想做出正常的面部表情，也很困难了。

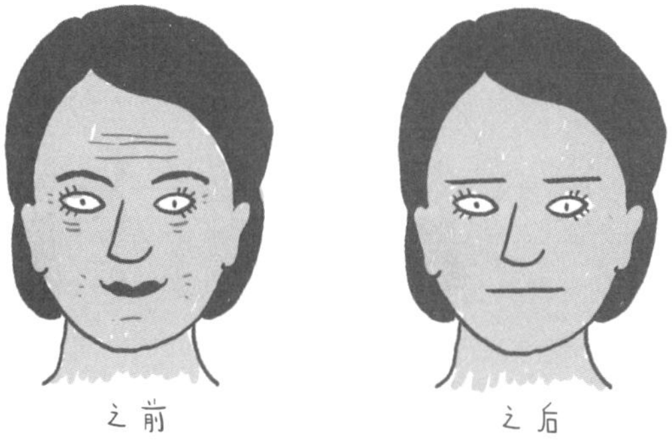

你本来的样子就很好

这些大人变着花样折腾自己的身体，有人后悔，有人满意。更多的大人则顺其自然，没有对自己的身体“做过任何事情”，并且对此感到非常满意。

最重要的是你自我感觉良好。有没有皱纹其实不重要，变老本来就是生活的一部分。你的屁股也是，无论你是圆屁股还是扁屁股，大屁股还是小屁股，都是正常的，反正不影响你坐凳子。

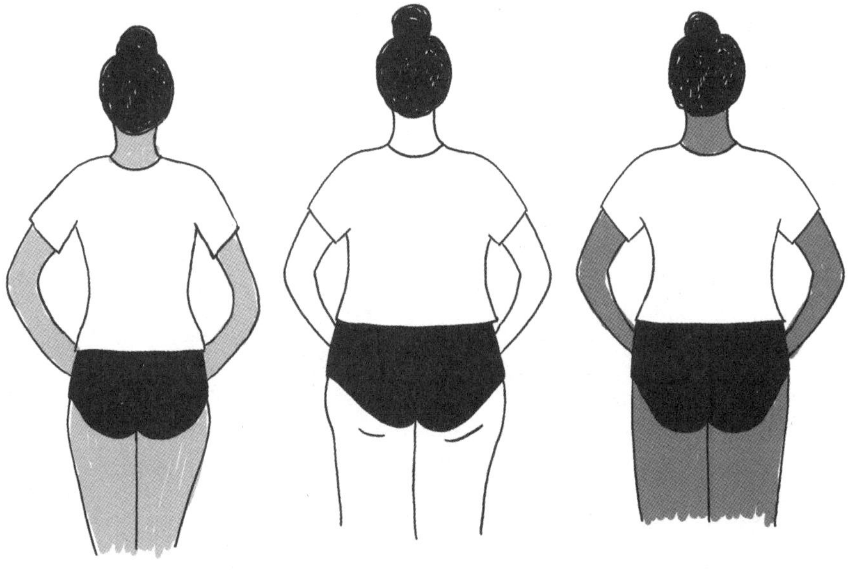

小贴士：猜年龄

许多大人都很在意自己看起来是否更年轻，并且想要别人认为他们比实际年龄小。所以，你可以利用这一点！假设你父母的一个朋友问你，你认为她多大了。你其实知道她和你父母的年龄差不多，比如说 39 岁，那么你现在可以做两件事。

1. 夸奖

如果你想从她那里得到一些东西（比如一个赞美或者一颗糖果），那么就说一个比她实际年龄年轻很多岁的数字，至少 10 年。你可以假装仔细思考了一会儿，然后说："嗯，我猜猜,29？"那么你将会看到一个大大的微笑在她脸上绽放。

2. 侮辱

如果你不喜欢这个大人，那就直接把她说老 10 岁！对于一个 39 岁的人来说，没有什么比被认成 49 岁更糟糕的了。同样假装仔细思考了一会儿，然后说："嗯，很难猜，您应该是 49 岁吧？"你会看到她尴尬地试着开个玩笑敷衍过去，但晚上她一定会花上好一段时间在镜子前寻找新的皱纹和白发。

哈哈，是不是很爽？

珍妮·卡尔曼
122岁
木村次郎右卫门
116岁

5.“超级大人”

有孩子，有大人，然后当然还有——“超级大人”的存在，他们比大人皱纹更多、头顶更秃，但也更温和。他们通常不再需要工作，从椅子上站起来时偶尔会发出呻吟声，而且他们中的许多人喜欢给你发糖果。

变老

大人什么时候变老？这是一个很难回答的问题，因为有的认为大人 30 岁就开始变老了，而有的会说大人是 70 岁开始变老。在大多数国家，大人在 65 岁时停止工作。在这本书里，我们决定从 65 岁起就称为“超级大人”。当然，还有很多 70 岁、80 岁、90 岁甚至 100 岁的“超级大人”。

越来越“老”

某人的大致寿命称为“预期寿命”。人类的预期寿命正在增加，一百年前出生的人的预期寿命只有60岁，而现在的“超级大人”一般都活到了80多岁！研究人员甚至预计，2010年以后出生的孩子中有很大一部分将轻松活到100岁。这是因为我们越来越了解变老的原理，以及如何能够活得更健康、更安全，从而活得更久。尤其是那些幸运地出生在比较富裕和安全的国家的人，他们的预期寿命越来越长。（在世界上最贫穷的国家，预期寿命仍远低于70岁。）

“超级大人”群

世界上有几个地方盛产“超级大人”。一位研究世界各地年龄的人，用蓝色笔在世界地图上圈出了这些地方，他把这些地方称为“蓝色区域”。这些地区包括意大利撒丁岛、希腊伊卡里亚岛、哥斯达黎加尼科亚地区、北美洛马琳达镇和日本冲绳岛。

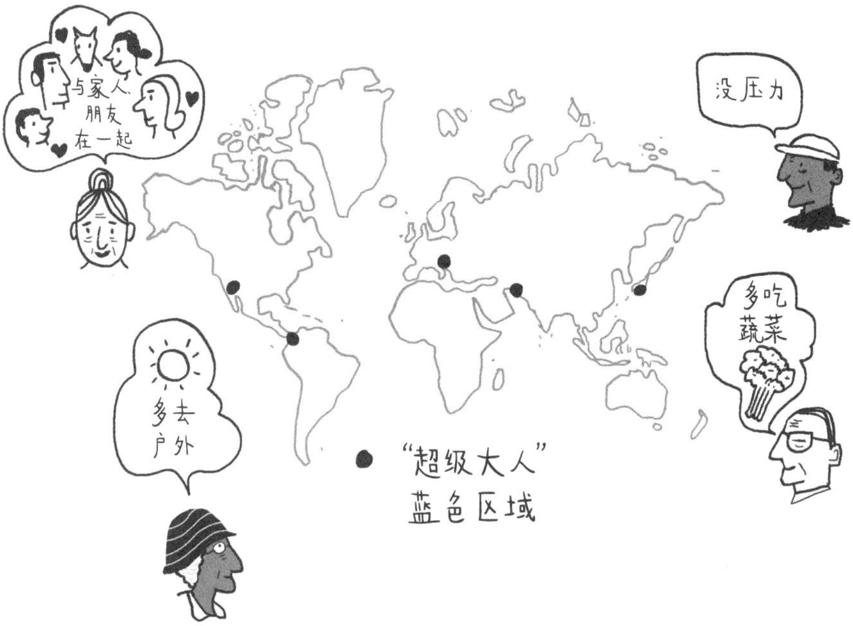

居住在这些地方的大人的寿命比世界其他地方的人普遍要长，很多甚至活到 90 岁、100 岁。你一定好奇他们活得这么“超级”的原因，其实很简单，他们过着超级健康的生活：吃很多豆类、谷物、坚果和蔬菜，因为当地就出产这些；每天都会进行大量的锻炼，天气好时花很多时间在户外，比如爬山；很多工作不是在办公室里做，而是在大自然里进行；他们晚上睡眠充足，经常午睡；有社群归属感，通常住得离亲人很近，或者与邻居关系很好，有很多朋友。所以这里的人都很放松，没有什么压力。

养老

如果一位“超级大人”年事已高，无法再照顾自己，就需要帮助。世界各地的大人为此提出了不同的解决方案。

在荷兰、比利时、美国和澳大利亚，“超级大人”在年纪大到需要帮助时，搬到养老院是很正常的事情。他们在那里有自己的房间，在那里工作的大人会帮助他们洗澡、穿衣和做饭等。这些“超级大人”住在养老院，可以一起吃饭、玩游戏。

在世界其他地方，例如在许多亚洲和非洲国家，“超级大人”一般会搬回去与自己的孩子或其他家人一起生活，并接受他们的照顾，中国也是如此。这也很有道理：“超级大人”年轻时照顾他们的家人，在他们快到生命的尽头时，家人负责照顾他们。

一切都崩溃了

如果你把 20 岁的人和 80 岁的人放在一起，会立即看到当人变老时身体会发生的变化。一些医生将衰老的过程比做使用自行车：一开始你有一辆漂亮的新自行车，但经过长时间的使用后，它开始生锈，轮胎开始漏气，挡泥板可能脱落或支架开始变形挤压车轮。身体也是如此：随着岁月的流逝，它会变得越来越疲惫。大脑的工作速度会减慢，肌肉变得更弱，皮肤变得更柔软、更松弛（你好，皱纹！），头发变得灰白、稀疏，骨骼不再强壮，眼睛和耳朵的功能也退化了。随着一切开始松动，并走向崩溃，“超级大人”甚至都有些萎缩了：80 岁的人可能比他自己 30 岁时矮了几厘米！

老年疾病

随着身体的衰老，“超级大人”经常患上与年龄有关的或大或小的疾病。一些人的记忆开始衰退，不记得刚刚发生了什么，甚至不记得一起生活的人是谁。他们的身体也会出现很多问题，导致无法骑自行车，需要电梯才能上楼，并且只能借助拐杖在小区内行走。

养老金

大人到了一定年龄就会停止工作，称为“退休”。他们大约工作三四十年，并在这段时间里存了一些钱，这样他们退休后就有钱生活。大人每个月都会从老板那里领取工资，同时会有一笔钱存入一个特殊的养老金“储蓄罐”中。当大人退休时，就可以打开这个“储蓄罐”，每个月得到一点原来存的钱。

退休年龄因国家 / 地区而异。在法国，目前的法定退休年龄是 62 岁。而在墨西哥和韩国，人们经常工作到 70 岁！（是的，法国人懂得享受生活，毕竟他们发明了美味的牛角面包。）

“超龄”工作

顺便说一句，并不是每个人都想退休或者能够按时退休。有很多“超级大人”本来应该退休了，却选择继续工作，因为他们仍然享受工作。还有一些“超级大人”虽然想停止工作，但没有存够足够的养老金来维持生活，所以也必须继续工作来挣钱。

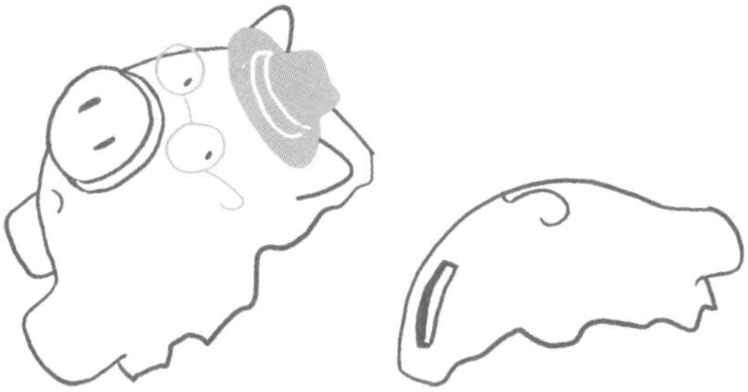

专属折扣！

“超级大人”往往会得到一些好处。例如，在新加坡，60 岁以上的大人去超市购物可以享受折扣；在美国，餐馆有时会有“早鸟菜单”，喜欢晚上早点吃饭的“超级大人”可以打个折；在许多国家，60 岁以上的人可以享受剧院、博物馆甚至游乐园的门票折扣，甚至可以免费乘坐公共交通工具。

听着，很遗憾随着年龄的增长，你会越来越老，但上面这些折扣只有“超级大人”才享有，也算是一点点补偿吧！

小贴士：跟“超级大人”聊聊天

“超级大人”一生中经历了很多事情，他们的脑子里有很多非常有智慧的经验。你可以跟身边的“超级大人”聊聊天，询问他们的生活，没准你会从中学到一些东西。当他们还是孩子的时候，那时的生活与现在可大不一样，没有平板电脑，没有游戏，没有手机……你不好奇他们一整天都在做什么？

聊一聊，他们也许想和你一起玩他们最喜欢的童年游戏呢！

爷爷奶奶外公外婆

大多数孩子都认识几个“超级大人”，那就是你的爷爷奶奶和外公外婆啦！他们往往比你自己的父母更“好”（对不起，这样来跟你的父母比较，但这是事实）。“宠坏你”就是他们作为爷爷奶奶的职责之一。有些孩子很不幸，因为他们从来没见过自己的祖父母；而另一些则很幸运，可能拥有 4 个以上的祖辈疼爱。（因为有些祖辈可能离婚后组建了新的家庭。）

你有没有发现，你很少喊祖父、祖母或外祖父、外祖母，而是习惯叫爷爷奶奶、外公外婆？这可能是因为这些“超级大人”不喜欢被喊“祖”这个字，因为这听起来实在是太古老啦！！爷爷奶奶、外公外婆听上去就亲昵得多，而且也不显得他们很老！

Part 2

他们
整天都这样做

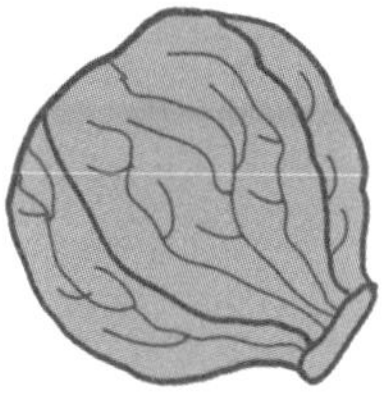

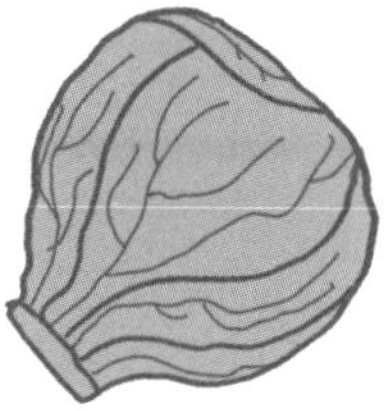

1. 吃

大人明明可以自己决定吃什么，可是他们居然不选择每天吃汉堡比萨，而是吃蒸西蓝花和胡萝卜！更糟糕的是，他们还把西蓝花和胡萝卜摆在你面前，希望你也吃！！

你一定想要知道为什么？我来告诉你为什么他们主动选择吃这些非常难吃的东西，而不吃那些“美味”的食物！

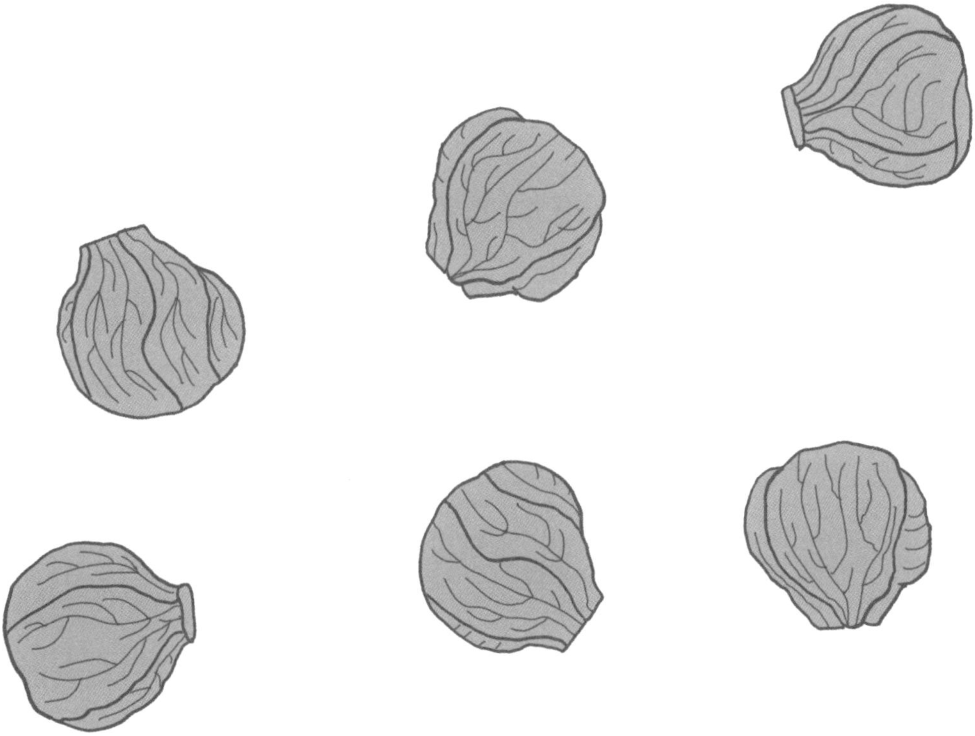

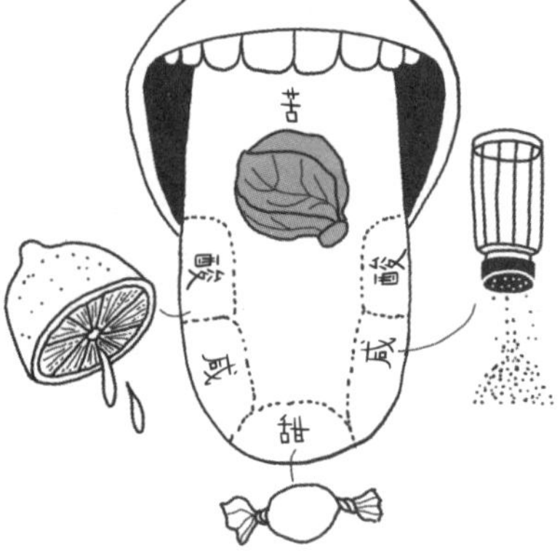

苦瓜之谜

好吧，我们首先来讨论一个问题：为什么大人会选择吃苦瓜并假装喜欢它们？你有可能认为他们脑子有问题。

是这样的，随着年龄的增长，你的“品味”会变差。有些东西对成人和对孩子来说是非常不同的，比如说味蕾，它们是你舌头上的小点，帮助你品尝味道。从婴儿期到青春期，你的“品味”比大人都要好得多，因为你拥有更多的味蕾。这些味蕾非常敏感，那些味道特别鲜明或刺激的食物，味蕾一点也不喜欢，比如说苦瓜，恶心！辣椒，呃……你的味蕾更喜欢柔和的甜味，例如牛奶和巧克力、糖果和饼干。随着年龄的增长，你的“品味”越来越差，当你 10 岁的时候，可能已经失去了一半的味蕾！

而大人们的味蕾数量就更少了，这就是他们为什么愿意吃那些“难吃”的食物，因为他们的味觉不太好！

不吃苦瓜也没问题

现在你讨厌吃苦瓜对吧？没关系，接下来的几年里，你会失去很多味蕾，也会开始吃各种新东西。你知道吗，我认得一个大人，小时候只喜欢吃蘸糖的西红柿，那就是我亲爱的爸爸！但是你猜怎么着，他现在也能很高兴地吃下一大盘不加糖的西红柿沙拉了！

所以，暂时不喜欢吃某种食物也没问题，也许再过五年十年，你就会爱上它！

小贴士：吃的否决权

吃的否决权意味着你可以决定：我今天不想吃晚饭！或者我今天不想吃这个！

这是我小时候的发明，我可骄傲了！妈妈同意我们兄妹俩每年可以行使两次吃的否决权。比如当妈妈端上来一份恶心的酸菜配土豆泥时，我们决定行使吃的否决权，要求吃三明治，哪怕煎个鸡蛋也成！

关键是，你得在适当的时候跟父母争取这个吃的否决权。比如，读完这一章，你就可以去跟父母商量一下，而不是等到父母把西蓝花、胡萝卜、青菜端到你面前时才提出来，那样大概率他们会义正词严地拒绝！

如果你在气氛缓和的非用餐时间提出，他们很可能就笑呵呵地同意了。

祝你好运！

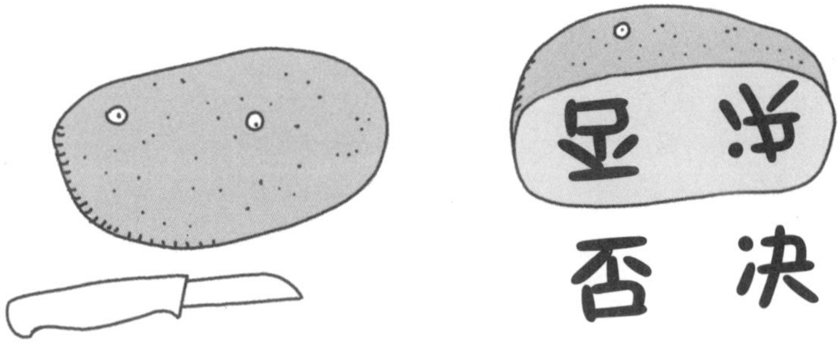

注意！大人的秘密

虽然大人常常喊你要多吃蔬菜，但其实他们自己也做不到，我也是其中之一。这一点也不奇怪，因为我是个荷兰人，荷兰是欧洲所有国家中人均蔬菜消费量最少的。在很多国家，人们中餐、晚餐都习惯吃热菜，而荷兰人只习惯在晚上吃热菜。有一些地方的人们也很少吃蔬菜，是因为没办法生产足够的蔬菜，导致蔬菜的价格昂贵。还有一些地方，纯粹是因为那里的大人比较懒，觉得烹饪蔬菜麻烦，而且手艺也不行，做出来的蔬菜一点也不好吃。

我知道吃蔬菜很重要，也会特别注意跟孩子们一起多吃点蔬菜。但我仍然时不时（好吧，经常。好吧，每天）地抱怨他们应该多吃几口西蓝花。

抱歉，我无法让西蓝花变得更美味：大人做得不好，希望你做得更好。

蔬菜（叹气）

如果大人同意只要你吃足够的蔬菜就给你10块钱，那你就可以存到足够的钱买个游戏机了。

天哪，这些大人真的很喜欢抱怨，他们自己也吃得少，却天天念叨你要多吃蔬菜。他们总是说蔬菜和水果都对你有好处，它们营养丰富，富含多种维生素，ABCDEFG……还富含其他名称复杂的营养物质，什么 β 胡萝卜素之类。

虽然这些营养素奇奇怪怪，读起来舌头都要打结，但它们确实有助于你的身体健康成长，能保护你免受疾病侵害，让你精力充沛、活力满满。

但是，没错，你必须吃够它，才有用！

吃多少蔬菜才够？（叹气）

大人每天应该吃 2 个水果（拳头大小的）、200~250 克蔬菜（一大碗），这个分量可不少。对于儿童的建议是吃 1.5 个水果，例如，一个橙子和一些葡萄，或者一根香蕉和一把蓝莓。此外，儿童每天应该吃 100~150 克蔬菜（大半碗的样子）。

这么多蔬菜水果，研究人员建议分餐吃，这是个好主意，这样你就不必在晚饭时必须干掉大半碗胡萝卜了。你可以把小西红柿当做零食吃，也可以在面包上涂点牛油果，这都算数！

“怪里怪气”的食物

大人会吃一些奇奇怪怪的东西，下面是世界奇葩食物大赏。

牛蛙腿：你没看错……牛蛙的屁股和后腿，摆在法国人和中国人的餐桌上。

蜗牛：是的，又是法国人，他们最爱红酒配蜗牛了，此外蜗牛在印度和摩洛哥美食中也很受欢迎。

拉出来的咖啡豆：没错！没错！没错！——是的，拉出来的咖啡豆，混在果子狸的粪便里。亏这些大人想得出来。

果子狸是一种灵猫科动物，长得有点像猴子和浣熊。果子狸发现于印度尼西亚，以当地生长的美味咖啡浆果为食，但是咖啡豆在它们肚子里不能消化，经过发酵又会排出体外。大人发现这种咖啡豆有独特的风味，用它做成的咖啡被称为“猫屎咖啡”，一小杯可能就得花上好几千块钱。

炸豚鼠：什么，豚鼠这么可爱的动物也拿来吃？！没错，在一些南美国家，这是一道再普通不过的菜肴，被称为 Cuy。

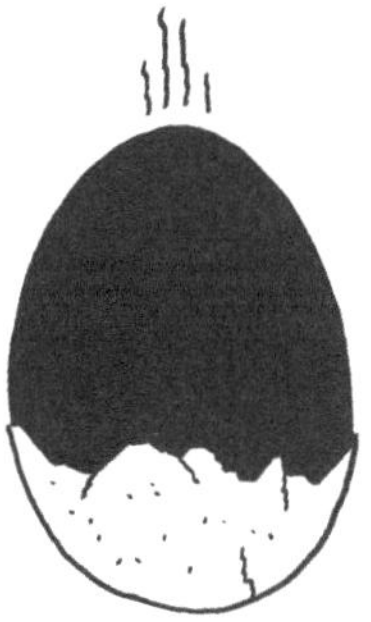

皮蛋：哦，你是中国孩子，那应该对这个不陌生了。大人们把鸭蛋放在生石灰、草木灰的混合物里，优雅地称之为“发酵”。

油炸蜘蛛：嗯，当你吃到这种美味脆皮的蜘蛛腿时，估计都不想再吃薯片了！在柬埔寨，人们会抓那种毛茸茸的大狼蛛，然后油炸作为小吃。

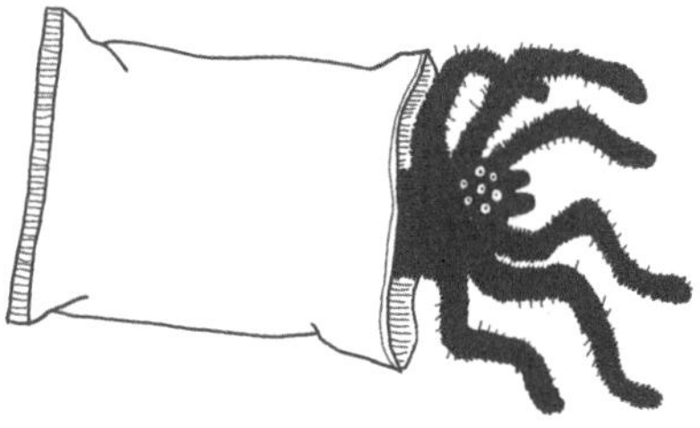

注意！大人的秘密

我其实不敢说，但这是真的：大人晚上睡觉前会偷偷吃零食！

是不是很不公平？

当然，你也可以选择理解他们，想象一下，假如你是一个大人，经过了漫长的一天工作、带娃，你还得唠叨孩子们多吃点西蓝花，而他们往往又并不配合，好不容易孩子们都睡了，你一定觉得终于从疲惫的一天解放了。

你知道什么会让这一刻变得更美好吗？

当然是一包薯片或一块巧克力。

嗯嗯。

Pssst...

素食主义者

有一些大人选择少吃或不吃肉，他们觉得动物跟人一样都是平等的生命，或者不吃动物对环境更好，这些人被称为“素食主义者”。纯素食主义者不吃肉，也不吃牛奶、黄油和鸡蛋等。但要做一个纯素食主义者是挺困难的，因为食堂、餐馆一般都会做肉食，或者使用动物油。

当然现在也有很多厨师用花椰菜或蘑菇做美味的主菜，还有素食午餐肉也进入了市场。所谓素食午餐肉就是人造肉。厉害吧，大人们连肉都可以仿制了。

节食

按照一定的规则饮食被称为“限制饮食”或“节食”。有时候，大人和孩子必须遵循这样的饮食规则才能保持健康。例如，如果你有麸质过敏，那很多面包、饼干就不能吃，因为里面含有的小麦麸质蛋白会引起胃肠道的疾病，或是皮肤过敏。还有对花生过敏的人，绝不能吃任何含有花生的东西，哪怕是一点点。

如果大人想要减肥，他们会搞出各种奇怪的饮食方式，比如只喝果汁，或只吃生食。这些方法即便能减掉几斤，也往往对身体健康没好处，毕竟每个人都需要足够的食物来保持健康。更健康的减肥方式应该是多做运动，哪怕是小步快走都有好处，这比天天只吃黄瓜喝果汁要健康得多。

2. 喝

成年人会喝各种各样的东西：水、软饮料、柠檬水、果汁、牛奶、茶……我知道你们很羡慕，但现在我们要讨论的是两种特别的饮料：咖啡和酒精。

咖啡

啊，咖啡！这款神奇、温暖、深棕色的“药水”能确保大人精神抖擞地开始新的一天。你可能看到过，许多大人像皱巴巴的僵尸一样从床上滚下来，跌跌撞撞地走向咖啡机，呻吟着喝下一杯咖啡，然后就满血复活了，是不是有点夸张？（好吧，这的确也有点夸张。）因为咖啡确实能给大人带来一天的动力，它含有咖啡因，一种使人更加精力充沛的特殊物质。喝一两杯咖啡后，大人可以更好地集中注意力，感觉不那么疲倦，尤其适合那些熬夜但第二天又必须早起的大人。

不适合儿童

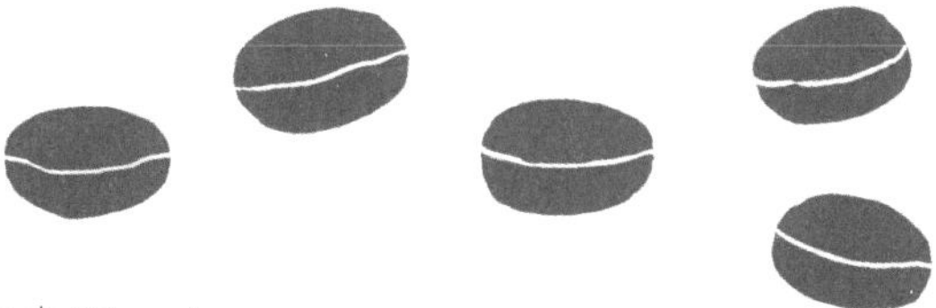

但是，你不能喝！（或是要少喝。）

因为你的身体仍在成长，研究人员认为，对于孩子来说，明智的做法是不要摄入过多的咖啡因。

他们建议 12 岁以下的儿童不应喝咖啡，13 至 18 岁的孩子每天不应喝超过一杯咖啡。话虽如此，但你可能已经摄入了咖啡因……因为这种物质也存在于茶、巧克力和可乐中，当然，比咖啡中的含量要少得多。所以你可以放心大胆地在饭后吃一小块巧克力。

如果你的父母不信？把这段话甩给他们看！

亲爱的__________：（这里写大人的名字）

我在此郑重声明，__________（这里写你的名字）在晚餐后吃一小块巧克力是可以的。真的，我是认真的。

致以最诚挚的敬意！

朱莉·德·格拉夫

“加料”的咖啡

咖啡的味道相当苦。正如你在前面读到的那样，对于味蕾受损的大人来说，这是一种“很棒”的味道。当然，也有很多大人喜欢在咖啡中添加一些牛奶，这样味道会更温和一些。含有泡沫热牛奶的咖啡称为“卡布奇诺”，含有更多泡沫热牛奶的咖啡称为“拿铁”。在许多咖啡馆，不仅可以选择咖啡的类型、分量，还可以选择甜度。而且大人们往咖啡里加的东西越来越多，燕麦、杏仁、豆奶……

听说在你们中国，还把茅台酒加到咖啡里了？真有创意！

注意！大人的秘密

咖啡是大人的一种暗号。

他们用咖啡编制了一套秘密语言系统。我为你翻译一下他们常说的关于喝咖啡的句子。

我们见个面，喝杯咖啡好吗？

真实意思是：我知道了一些关于你的“大”事，但我尽量以冷静和轻松的方式告诉你。

今天早上你喝咖啡了吗？

真实意思是：你看起来好像不开心，做点什么吧！

咖啡？

真实意思是：我不知道（搞不定了），是时候休息一下了。

我们来喝杯美味的咖啡吧！

真实意思是：我喜欢你，想追你。

嘿，我们可以喝点咖啡吗？

真实意思是：我想和你聊一些非常令人兴奋的八卦，但我们必须离开这里，避开这些人，因为这些八卦就是关于他们的！

哦，我在咖啡机旁听到的……

真实意思是：我刚刚听到了一些关于你的惊人的八卦，但我不想说是谁告诉我的。

酒精

很多大人都会时不时地喝上一杯啤酒、一杯葡萄酒或一杯鸡尾酒。这些都是含有酒精的饮料。

当人们把谷物或水果长时间放置，它就会开始发酵，一种“毒药”就此产生了，那就是酒精。奇怪吧，大人们居然喝酒精！

是的，他们正在喝“毒药”。

麻木的大脑

啤酒、葡萄酒中的酒精会让大脑有点麻木，大人就会觉得头晕目眩、走路摇摇晃晃。此时他们感觉更放松，说话声音更大，情绪更容易上头，变得更亢奋、更快乐或更愤怒。有些人喝一两杯就醉了，大脑就不怎么好使了。喝醉了的大人反应非常迟钝，而且会变得笨拙，甚至连他们的五官也不能正常工作，听觉、味觉、视觉、嗅觉都失灵了。尤其是宿醉之后，第二天早上醒来时，他们往往还会觉得恶心、头晕。

愚蠢的想法

有些大人喝了酒后仍然觉得自己能开好车，但事实并非如此。喝了几杯之后，他们看到红灯，或是遇到过马路的狗时，反应就没那么快了。如果喝醉了还开车，那就更加危险了。世界上几乎所有地方都禁止酒后驾车。

还有一点，就是怀孕的准妈妈是不能喝酒的，不然酒精会通过血液进入胎儿的身体，这对胎儿的生长发育可没有好处。

儿童禁用

你现在可能已经知道，饮酒对身体是没什么好处的。特别是儿童，绝对禁止饮用这种“毒药”，这也不利于你的大脑发育。在大多数国家/地区，必须年满 18 岁才能饮酒，而在美国，则需要年满 21 岁。

3. 睡

对于你来说，最不公平的事情之一就是大人们比你睡得晚得多。

但这并不奇怪，一个大人每晚需要大约 8 个小时的睡眠，而你每晚需要睡大约 10 个小时。（虽然我知道现在很多孩子睡眠也是不够的。）充足的睡眠会让你在白天感觉更健康、更愉快。检验你是不是睡好了的一个简单方法就是，你早上是自己起床还是要靠闹钟起床。如果你是自己醒来，那么大多数情况下你已经睡好了。

如果你每天早上起得特别早，那么也许你可以和父母商量一下是否能晚一点睡觉。

熬夜

充足的睡眠对于大人来说也非常重要，只是有一个小问题：他们更擅长送你上床，而不是送自己上床。事情是这样的：大多数大人白天都很忙，他们忙着照顾你，还要忙着工作、购物、做饭、记得为你下周三要去的聚会买礼物——诸如此类的事情。只有等你晚上上床睡觉后，他们才有一些属于自己的时间。即使他们真的很累，应该去睡觉了，他们也要保持清醒，看书、看电视、玩游戏、刷手机。结果，很多大人睡得太晚了。第二天早上，当你醒来时神清气爽、元气满满，他们则会发现自己很难爬起来了。

没睡好，当然累。

睡懒觉

只要他们不必早起，例如在他们不必上班、你又不必上学的日子里，大人就可以睡很长时间懒觉。但问题是这并不明智，因为知道早上可以睡懒觉，所以晚上就睡得更晚了。

哦，我忘了，相比于你在上学的日子里特别想睡懒觉，你在不必上学的日子里往往到点就一骨碌爬起来了，对吧？所以大人们想要在休息日睡懒觉，可没那么容易喽！

注意！大人的秘密

当你睡着后，你想知道大人们在做什么吗？

我认识的大多数大人一般都会刷剧、发信息聊天、玩游戏或读书。有时他们也会去咖啡馆聊天，去听音乐会、看电影或参加聚会。

自己的房间

你跟你的父母可能都有属于自己的房间。在欧洲大多数国家，大人们认为孩子应该与父母分开睡。小婴儿通常在最初几个月与父母一起睡，然后就会搬到自己的房间。这样，孩子就不会被大人发出的声音（比如打鼾）打扰。大多数大人也希望在他们的卧室里保留一些隐私，在这个私人空间里，他们可以在床上随意放屁而不用担心你听见，也可以在床上聊天不用担心吵醒你，或者亲亲嘴也不用担心你说“羞羞脸”。

打鼾

你曾经听到过大人打鼾吗？想象一下，有人正在用电锯非常用力地锯木头，嗡——嗞——，或是一头猪坐下来，深吸一口气，然后大声哼哼，这差不多就是打鼾的声音。

大人年龄越大，打鼾的声音就越大。幸运的是，那些打鼾的大人也并不是每晚都打鼾，有时他们打鼾是因为感冒或平躺着。如果他们侧躺的话，可能就不会打鼾了，因为这种睡姿能让他们的呼吸更顺畅。

其实小孩子也会打鼾，但小孩子打鼾的声音是可爱的。

口臭

你是否有这样的经历：早上，当你爬到父母床上想要和他们腻歪一下，结果发现他们的气味非常难闻，这真让人难受！不幸的是，大人们对此也无能为力，因为他们在晚上睡觉时产生的唾液（就是口水）很少，口腔里的细菌会大量繁殖产生异味。但你也别嫌弃他们，因为当你刚醒来时，你嘴里的味道也不是像花儿一样香。

小贴士：如何才能晚点睡觉

如果你想跟父母申请晚点睡觉，抱怨通常是无济于事的。幸运的是，有两个技巧确实对你晚点睡有所帮助：

1. 超强拖拉上床术

在完成上床睡觉的所有步骤上多花些时间。去上个厕所，然后洗手并擦干。给你的父母一个久久的拥抱。再以蜗牛般的速度刷牙，时间长到连牙医都觉得过分了。最后非常仔细地洗个脸，再慢吞吞地换上睡衣，掀开被子钻进去。

优点：如果你执行得很好，那么这个技巧可以让你至少晚 15 分钟上床。

缺点：因为你拖拖拉拉地做每一件事，所以你也无法真正享受这 15 分钟。

2.“我是乖孩子”晚睡技巧

在此声明：这不是我想出来的，而是我8岁的儿子马森发明的。在他必须上床睡觉之前，经常会做一些让我们无法拒绝的事情。比如，自己静静地看书、画画，搭一个大型乐高积木，或者解决一个复杂的数独题。发现关键点了没有？那就是去做那些让父母看到你的专注、冷静、独立，并为你感到自豪的事情。

当你的父母说：“亲爱的，该睡觉了。”你就抬起头，用最甜美的声音说：“好的妈妈，但是我可以读完这一章（搭完这个积木/画完这个人物）吗？”保证你百分百成功！

优点：这个技巧将帮你至少延长15分钟再去睡觉。如果你把这个技巧运用得非常熟练，也许可以延长得更久。

缺点：当你的父母发现你用这个技巧熬夜时，他们可能会抱怨。别害怕，这就是你熟练使用这个技巧必然会带来的后果。你不用理会他们的抱怨，只要安静地乖乖地去睡觉就好，因为他们明天就会忘得一干二净，你就可以再次使用这个技巧了！

4. 工作

大人必须工作才能赚钱给你买礼物。（当然，还要支付其他费用，比如房贷、生活日用品等。）但工作的目的也不仅仅是赚钱。工作占据了大人一生大部分的时间，甚至比他们跟你待在一起的时间还要长，所以他们最好是做着自己喜欢的工作。

任何事情都可以变成工作

工作有许多不同的类型。比如：在你父母不在时照顾你，在煎饼店卖煎饼，在疗养院打扫卫生，在公司食堂收银，在咖啡吧煮咖啡，为杂志写文章，或是写儿童读物……听起来很不同，对吧？但这些都是工作。

问问你的父母他们做什么工作，我打赌他们会让你大吃一惊！

兼职

在荷兰，大多数人都是从兼职开始工作的，一般都会选择自己喜欢的事情来做兼职。

它可能是：

照顾邻居家的孩子；

洗车；

周五下午在街上发传单；

给超市的货架上摆货；

暑假期间在冰淇淋店帮忙；

也许还可以回收邻居的玻璃或废纸拿去卖钱。

真正的工作

当大人完成学业后，他们会找一份更稳定的工作，这往往是他们学会做的专业的事情。比如理发师去美发学校学理发，医生去医学院学医。幸运的是，这样我们就能得到一个知道自己能做什么的大人，因为我可不想让我的医生给我剪头发，或者让我的理发师给我看病。

注意！大人的秘密

当然，你并不是学什么专业将来就一定要做与此相关的工作。很多大人高中毕业后都会选择一个专业，但结果他们工作后做的却是完全不同的事情！比如我，我高中时根本不知道自己以后想做什么工作。高中毕业后，我学习了法律（这是关于人们能做什么、不能做什么），本来我应该成为一名律师或法官。但我后来发现自己真的很喜欢写作，并开始以写作为生。还有一些大人接受厨师培训，但最终开了一家油漆店；有些大人学习成为护士，后来开始卖家具；有些大人学习艺术，后来开了一家咖啡馆。还有你们中国的鲁迅，他开始学医，但最后却成为一位著名的作家！！

我想要告诉你的是，即使你学习了特定的专业，你的未来仍然充满了各种可能。

朝九晚五

许多大人都干着朝九晚五的工作，早上 9 点上班，下午 5 点下班，工作日工作，周末休息。在朝九晚五的工作里，大人上午上班，午休时偶尔喝杯咖啡，与同事聊天，下班后回家给孩子煮西蓝花。（再次强调，我知道你的味蕾可能不喜欢这个，但吃这些蔬菜很重要！）

典型的朝九晚五的工作是办公室工作，大人们进到大楼的格子间里，坐在办公桌后面，对着电脑，一坐就是七八个小时。

上学这份“工作”

事实上，如果以你必须待在某个地方为标准，那么你也是有工作的：上学！

大多数小学生每天上学的时间大约为 6 个小时，比如 8 点半到下午 3 点。阿根廷是个例外，那里的小学生一天只要上 4 个小时学！家长可以选择孩子是上午还是下午去学校。而韩国的小学生上学的时间达到了 9 小时，这甚至比朝九晚五的工作时间还要长！

非朝九晚五的工作

除了朝九晚五的工作，这个世界上还存在其他工作制的职业，比如建筑工人和农场主，他们往往需要一大早就开始工作；而在医院，医生和护士经常需要整晚值守在病房；在酒店跟餐厅工作的大人经常工作到很晚，而且周末常常也要上班，因为周末往往是他们最忙的时候。还有一些职业，大人需要长时间离家工作，比如飞行员或空姐。还有那些在军队工作，一年可能只能回家探亲一次的军人。

失业

当大人没有工作时，我们称之为“失业”。有些大人是故意失业的，他们不想工作，例如因为他们想在家照顾孩子和家庭，而他们的伴侣有足够的收入支撑家庭的支出。而另一些大人则是因为找不到工作，或者因为生病而无法工作。

这对大人来说可是大事，因为失业了就赚不到钱。当然，有些国家会给失业的大人发一点钱作为福利，虽然数额不大，但对于那些没有收入的大人来说，有总比没有好。

无法定义的职业

如果不发明出这些复杂的职业，那么大人就不能称为大人了。你知道的，他们最擅长把简单的事情搞复杂！

你看，每个人都知道警察或消防员是做什么的，但你知道初级销售代理是做什么的吗？我也不知道。下面我列出了一些无法准确定义的大人的职业，并试图为你解释它们的实际含义。

经理——经理是一群人的老板，但不是公司里最大的老板。在公司里，通常还有一个最大的BOSS，然后是一群中间老板（经理），他们负责管理每个部门工作的人。

办公室经理——这是一种负责照顾各种人各种事，从而让所有办公室里的一切都很顺利的工作。比如，把电话转接给正确的人，收发包裹，还有客人来时确保会议室里有咖啡或三明治。

行政员工——负责跟踪发票是否发出、账单是否支付、收据是否保存以及订单是否下达的人员。有趣的是，在比利时，这是最常见的职业（第二位是销售员，第三位是清洁工）。

不公平的职业收入

最重要的职业赚的钱并不多，虽然这很不公平，但这就是现实。例如，教师和护士的收入远低于大银行的经理。而教师和护士也许做着世界上最重要的工作：教育儿童和照顾病人。如果他们某天不能上班，马上就有大问题了。银行经理一天不上班却不会有太大影响。然而，我们就生活在这样的世界里，在大银行和大公司工作的人才能赚到更多的钱，而那些有利于我们所有人的工作，能给的报酬要少得多。

等你长大后

你以后想做什么工作，成为什么样的人？如果你还没想清楚，也别担心。像我已经工作多年了，仍然不知道自己到底想做什么。你还有足够的时间来找到最适合自己的工作，在你长大的过程中，你的目标也许会越来越清晰。不过，偶尔想象一下自己想做什么工作也不错，做一做白日梦，你也许会发现自己想要成为一名兽医或乐高设计师。

所以，你长大后最想做什么？

满意的工作

虽然每个人都希望做最有趣最有意义的工作，但话说回来，并不是每个人都能成为世界著名的电影明星、乐高积木的创造者或最厉害的足球运动员。幸运的是，很多大人对自己做的行政助理、清洁工、医生或面包师的工作也感到满意，这让他们成为一个集体的一部分，与同事愉快相处，并能够为他人的生活带来改变。此外，工作能让大人们感到快乐的重要原因就是——能够赚钱。

我认识一位大人，他每周只用工作四天，但他并不是特别喜欢这份工作，也不讨厌。这并不妨碍他对此非常满意，因为他的工作没什么压力，而且收入非常不错，所以他能经常去旅行度假。

5. 玩

玩起来很有趣！它带给你快乐，带给你能量，而且它是免费的！你可以在室内玩，也可以在室外玩；可以一个人玩，也可以找个同伴一起玩，还可以呼朋唤友一大群人一起玩。只要你想，不用借助任何道具，也能玩得很开心。

哦，我说的这些你肯定都知道了，因为孩子们整天都在玩。但大人们在干吗？他们往往一边喝着咖啡一边刷着手机，说他们好忙。

他们难道从来不玩吗？

被大人遗忘的“玩”

现在我要告诉你一件非常悲伤的事情——很多大人都不知道该怎么玩了。

真的！当他们还是孩子的时候，整天都在玩。但随着年龄的增长，他们开始忙于各种各样的事情：工作、家务劳动、辅导孩子写作业、与朋友聚会，等等。他们可能已经有好些天、好几周甚至好几年没有打过球了。他们已经忘了该怎么玩，也忘了玩是多么有趣！现在他们可能认为玩很幼稚，或者觉得自己真的没有时间玩。

如果你想帮助爸爸妈妈重新开始玩，可以问问他们小时候都喜欢玩些什么。谁知道呢，也许有一天你们就一起玩起来了。

玩是健康的

美国有一位著名的游戏研究者多年来一直呼吁大人们要多玩，玩耍可以帮助大人保持健康，让他们更放松。玩的时候他们的大脑会产生让人快乐的化学物质，也会更快地获得新的想法。玩本身就可以有趣又有意义，你可以结交新朋友，或是与家人一起度过一段愉快的时光。

花钱玩

你知道，大人就是大人，只有必须为此付钱，他们才会很快参与进来。举个例子：如果他们和你一起去森林散步，他们肯定不会想要去爬树。但如果你告诉他们，要穿特别昂贵的运动服，收费200块去爬一棵树，这样就能锻炼身体保持健康，你猜怎么着？嘿，他们马上就出发了。世界各地都有聪明的大人通过把游戏改成体育运动来赚钱。

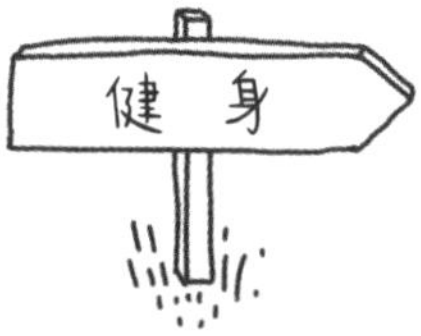

比如在荷兰，大人们可以参加一个叫做“猴笼”的课程。什么意思呢？就是在一个封闭的空间里，放着各种各样的设备：绳索、蹦床、柜子、长凳、攀爬架……一群大人关在里面玩捉人游戏，但不允许落地，落地就被淘汰。

顺便说一句，我很理解为什么大人要花钱玩这个游戏，因为只要想到“猴笼”两个字就能让我很开心！

还有一些专门针对大人的夏令营，他们花很多钱一起在外面玩一周，住在小屋或帐篷里，晚上生起篝火烤棉花糖。（这么有趣，你也很想参加吧。）

玩游戏

你几乎不可能看到两个大人在街上玩捉迷藏，但很多大人喜欢凑在一起玩桌游，比如“大富翁”“狼人杀”之类的，他们甚至有游戏俱乐部。这些俱乐部经常聚会，大人们聚集在一起玩新的棋盘和纸牌游戏。比如有一个非常知名的游戏“龙与地下城”，这是一款奇幻游戏，每个玩家被赋予一种角色，战士、魔术师等，并以该角色的身份进行冒险。在游戏过程中，玩家们在桌子旁一坐就是好几个小时，在他们的脑海里，他们正化身为一个个英雄，在执行一个漫长的充满战斗、友谊和魔法的任务。

剧本杀

你曾经扮演过某个角色吗？例如，在新年晚会上扮演国王或者王后，住在一座大城堡里，或者扮演探险家探索外星世界？

你知道吗，有些大人也喜欢扮演角色。他们在一个搭建的场景里，每个人扮演一个角色，可能是国王、公主、大臣，然后接到一个任务，一起破解谜题。大人会在周末约上三五好友，一起来玩这种“剧本杀”。

在有些国家，还有几百个大人一起盛装打扮成骑士，假装自己真的生活在罗马时代。

大型游戏

大人们在玩这件事情上，特别喜欢扎堆。比如有人想在宜家玩捉迷藏，他就邀请了一些朋友，朋友又邀请了他们的朋友……最终，大约 500 个大人齐聚一堂，在宜家里玩躲猫猫！在比利时，有 100 多个大人一起玩“抢椅子”的游戏。而在巴西，2000 多人聚集在里约热内卢玩人体多米诺骨牌，所有参与者拿着一张大床垫排成很长的一排，在第一块“骨牌”被推倒后，其余的人一个接一个地互相撞倒。

还有规模更大的游戏：在英国近 4000 人参加了世界上最大规模的枕头大战！

小贴士：邀请大人一起玩

如果你想让大人跟你一起玩游戏，那你就需要动动脑筋了，因为你知道的，大人有时候就是很懒。你可以组织一场比赛邀请大人参加，这点子是我从自己的孩子那里学来的。

我的孩子经常跟邻居家的孩子玩“老鼠偷油”的游戏。有时候他会问旁边的大人要不要一起玩，可没有一个大人同意，他们总是说“你们玩吧”，然后低头看手机。但是元旦节那天，我的孩子组织了一场大型的“老鼠偷油”比赛，他邀请了所有的朋友都来参加。他的朋友们，朋友们的兄弟姐妹和父母，都来了。在这个特别又喜庆的场合，所有人都加入了游戏，因为除了玩这个，也没有其他事情好做了。

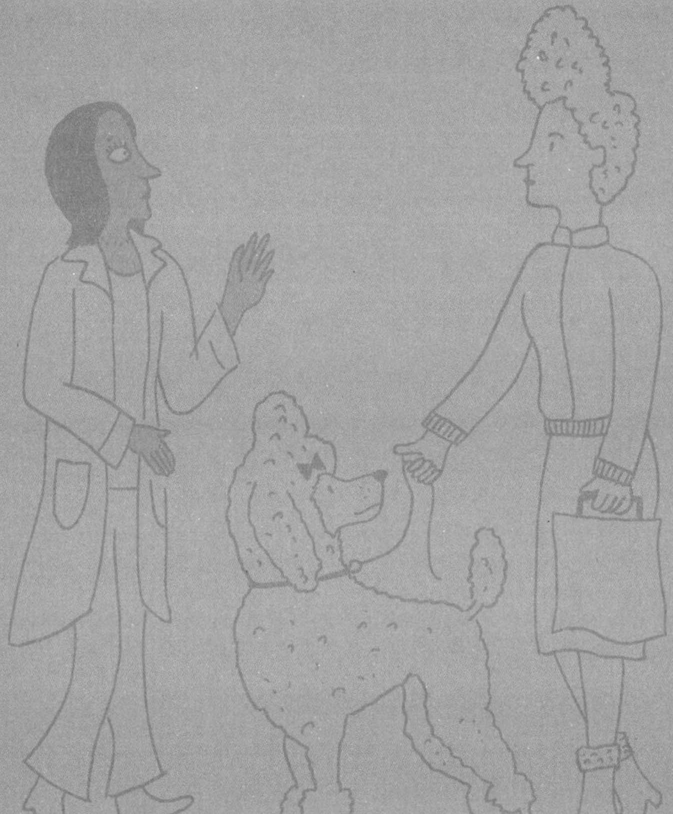

6. 说谎

你没想到吧，大人会经常对其他大人说谎，比如像这样：

“你这件新外套可真好看！”

而且，大人也会对自己的孩子说谎！

善意的谎言

郑重声明，我这里讨论的并不是触犯原则底线的卑鄙的大谎言。不管是大人还是孩子，永远都不应该在原则性的事情上撒谎。我想说的是，有些无关紧要的小谎言其实是没关系的。相反，这样的小谎言会让生活变得更轻松一点，我们称之为“善意的谎言”。

大人好像天生会说一些这样的谎言，比如他们在街上遇到一个刚理完发的朋友。

没有谎言的对话：

大人："嗨，卡琳！你刚剪了头发吗？"

卡琳："是的！你看出来了呀，你觉得我这个新发型怎么样？"

大人："嗯，超级丑！我差点没认出你来。你不剪明明更好看，这个发型简直糟糕透顶！"

（卡琳突然大哭起来，抽泣着跑开了。）

有谎言的对话：

大人："嗨，卡琳！你刚剪了头发吗？"

卡琳："是的！你看出来了呀，你觉得我这个新发型怎么样？"

大人："真的很好看！"

卡琳："嘿嘿，待会儿见。"

（卡琳微笑着挥手。）

对小宝宝撒谎

大人也经常对孩子说这类善意的谎言。别担心，不是正在看书的你们，而是那些小宝宝。因为小宝宝几乎相信你告诉他们的一切，一个小谎言往往可以避免一场大闹剧，例如下面这种情况。

没有谎言的对话：

小宝宝："妈妈我想要奥利奥！"

大人："我们不买饼干了，家里还有！"

小宝宝："我就要奥利奥！"

大人："我知道你想要，但是家里还有你非常喜欢的巧克力饼干，而且你今天早上已经吃了一些了。糖吃多了不好，不健康！我给你买一根面包棒好吗？"

小宝宝："我就要买奥利奥！！！ 奥利奥！！！"

（小宝宝倒在地上发出尖叫，是整个超市都能听到的那种尖叫，他此时根本不会在意那根愚蠢的面包棒！）

有谎言的对话：

小宝宝："妈妈我想买奥利奥饼干！"

大人："哎呀，我看一下，今天奥利奥饼干没了。太糟糕了！来吧，我们去收银台那里买一根你喜欢的面包棒。"

（小宝宝摇摇晃晃地走到收银台，高兴地嚼着面包棒。）

对你撒谎

大人想要对你撒谎是比较困难的，比如上面那招就肯定骗不了你，你知道超市里的饼干多的是。而且你知道哪些事情可以做，哪些事情不能做，但很多大人都未必知道，有时甚至会对你撒谎。

你想知道身边的大人是不是在骗你吗？可以用下面这张宾果卡来对照，如果你听到过卡片上的这些话，请将其画掉。当卡片上的方格都画掉时，你就能识别大人们所有的经典谎言了！

大人们的小谎言宾果卡

哎，今天游乐场/博物馆/图书馆关门了。	你的这块是最大的。	我没有吃你的万圣节糖果。
你也拿到了最大的一块。	尝试一下，我相信你绝对会喜欢的。	我没有看手机。
你睡着后，我绝对不会在晚上玩游戏机！	不，我也不知道那块巧克力去了哪里。	你们班上的每个人都已经上床睡觉了！

Part 3

这就是
他们的感受

1. 情绪

在一个完美的世界里，大人们总是平静、善良、有趣和放松的。但不幸的是，我们生活的世界并不完美，大人们会有各种各样的感受，就像你一样。有时他们高兴极了，有时非常生气，有时他们会嫉妒自己最好的朋友，有时他们很伤心，却不知道为什么伤心。

哭

婴儿总是哭，这是因为他们还不能说话，他们不会说："嘿，我有点渴。""我尿了，给我换一块干净的尿布！""你能把我的头换个方向吗？我已经看这个老虎毛绒玩具15分钟了，都看烦了！"他们只会说："呜呜呜呜呜呜呜呜呜呜呜！哇哇哇哇哇哇哇哇哇哇！"（顺便说一句，这么干很有效，这声音太刺激了，大人们会立刻跳起来照顾婴儿，让他们停止哭泣。）

幸运的是，当婴儿慢慢长大，学会说话后，他们就变成像你一样的孩子，可以说："我想要一块涂有巧克力酱的三明治！"并且自己去厕所。

你会因为一些事情而哭泣，比如对某件事感到非常悲伤时，或者因为撞到小脚趾而疼得龇牙咧嘴时，或者当你对某件事非常生气、言语又不足以表达你的感受时。大人们也会因此而哭泣：当他们非常悲伤时，当他们感到非常痛苦时，或者当他们非常担心某事时。

喜极而泣

大人哭泣还有一个很奇怪的原因，那就是他们非常高兴的时候也会哭。这就是所谓的“幸福的眼泪”，也许你已经在大人（或你自己）身上发现了这一点。那些快乐的眼泪之所以会流下来，是因为我们大脑中处理情感的部分分辨不了这些情感是非常悲伤还是非常快乐，只知道这些感情是强烈的。在我们的脑海里，过程是这样的：“哦！哦！非常强烈的感觉正在发生！警告：强烈的感受！快点，快点，向身体发出我们要哭的信号。准备好，3——2——1，开始哭吧！”

所以，在意识到之前，大人已经开始在侄女的婚礼上哭泣，在观看从树上救下小猫的视频时哭泣，或者坐在剧院的前排看表演时哭泣。

注意！大人的秘密

大人有时会很幼稚，尤其是当他们输了的时候。比如我身边的一些大人，嗯，该怎么说呢……如果他们在比赛中输了，就会表现得无法接受这个结果。然后他们会生气，表示不想继续比了，并声称比赛不公平，也就是俗称的“输不起”。

好吧，失败有时候会激发出大人不太好的一面。

Pssst...

好无聊

大人也会像孩子一样，感到非常无聊。可能你没有注意到这一点，因为大人在无聊时不会向自己的孩子抱怨。如果你的父母突然一脸暴躁地坐在你旁边，大声叹息说："哦，我太无聊了！我现在能做什么？"然后你努力为他想一个有趣的适合大人做的活动，比如读一本厚厚的书或散步什么的，结果往往是他一脸嫌弃地说："我不喜欢！呃呃呃呃！"

让大脑“暂停”一会儿

其实无聊对大人来说是有好处的，顺便说一句，对孩子也是。无聊实际上是一种让大脑休息的方式。如果你感到无聊，可以暂时什么都不做，这样你的大脑就会平静下来。这能为你的大脑腾出空间来产生新的想法。你一定有过这样的经验，本来觉得非常无聊，然后突然产生了做一本自己的书或搭一个巨大的乐高村庄的想法。大人也是如此，比如我感到无聊，那么无聊一段时间以后，我可能会想出烤甜甜圈、做土豆邮票或为孩子们写一本关于大人所做的所有奇怪事情的书。

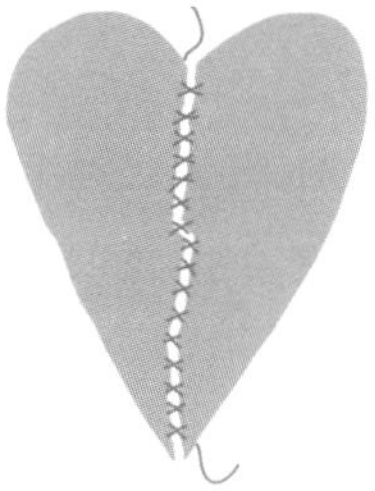

情绪低落

正如大人的身体可能会生病一样，他们的情绪也可能会生病。例如，有时大人会悲伤或沮丧一段时间，以至于他们无法靠自己再次变得快乐，这就是“抑郁症”。就像你可能会摔断腿一样，他们也会遭受情绪低落的痛苦。幸运的是，这些大人能得到特殊医生的帮助，那就是心理学家或精神科医生。他们能帮助情绪低落的大人更好地理解自己的感受。有时，大人甚至需要药物来让他们的情绪恢复正常。

孩子们也可能会遭受情绪低落的痛苦，比如他们经历了非常不愉快的事情，儿童心理学家可以帮助他们，让那些破碎的情感重新变得完整。

幸福的时刻

我们将大人一生中最美好的时刻称为“幸福时刻”。在这些时刻，一切似乎都很顺利，他们对所有的事情都感到满意，从头到脚都沐浴在快乐之中。

你知道吗？也许你也有这样幸福的时刻。当你坐在公园的长椅上，阳光洒在你的脸上，你正在吃着美味的冰淇淋；或者当你和朋友玩得很开心时，突然你最喜欢的歌曲响起，每个人都在笑。世界上没有人总是快乐的，每个人都会经历愚蠢、悲伤或可怕的事情。但对于大多数大人来说，如果他们善良乐观，身边有亲爱的家人、朋友，有足够的睡眠和运动，花时间亲近大自然并珍惜那些幸福的时刻，那么他们就过着幸福的生活。

小贴士：收集美好时刻

为了让自己和周围的大人更快乐，你可以在每天结束时说出或写下三个美好的时刻。这些时刻可以是重大的，也可以是微小的。例如，当你读书时猫咪递给你一个杯子（天哪，奇迹发生了！），或者当你在比赛中把球以完美的弧线投入网中。聪明的研究人员还发现，这样做可以训练你的大脑从现在开始更好地识别生活中的美好时刻，这会让你更快乐！

那么，今天你最美好的三个时刻是什么？

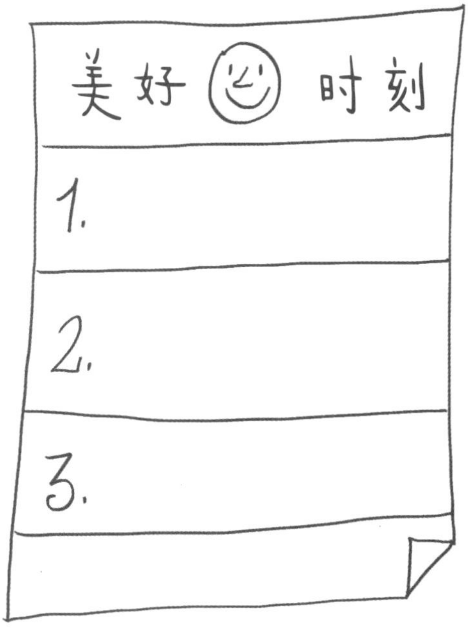

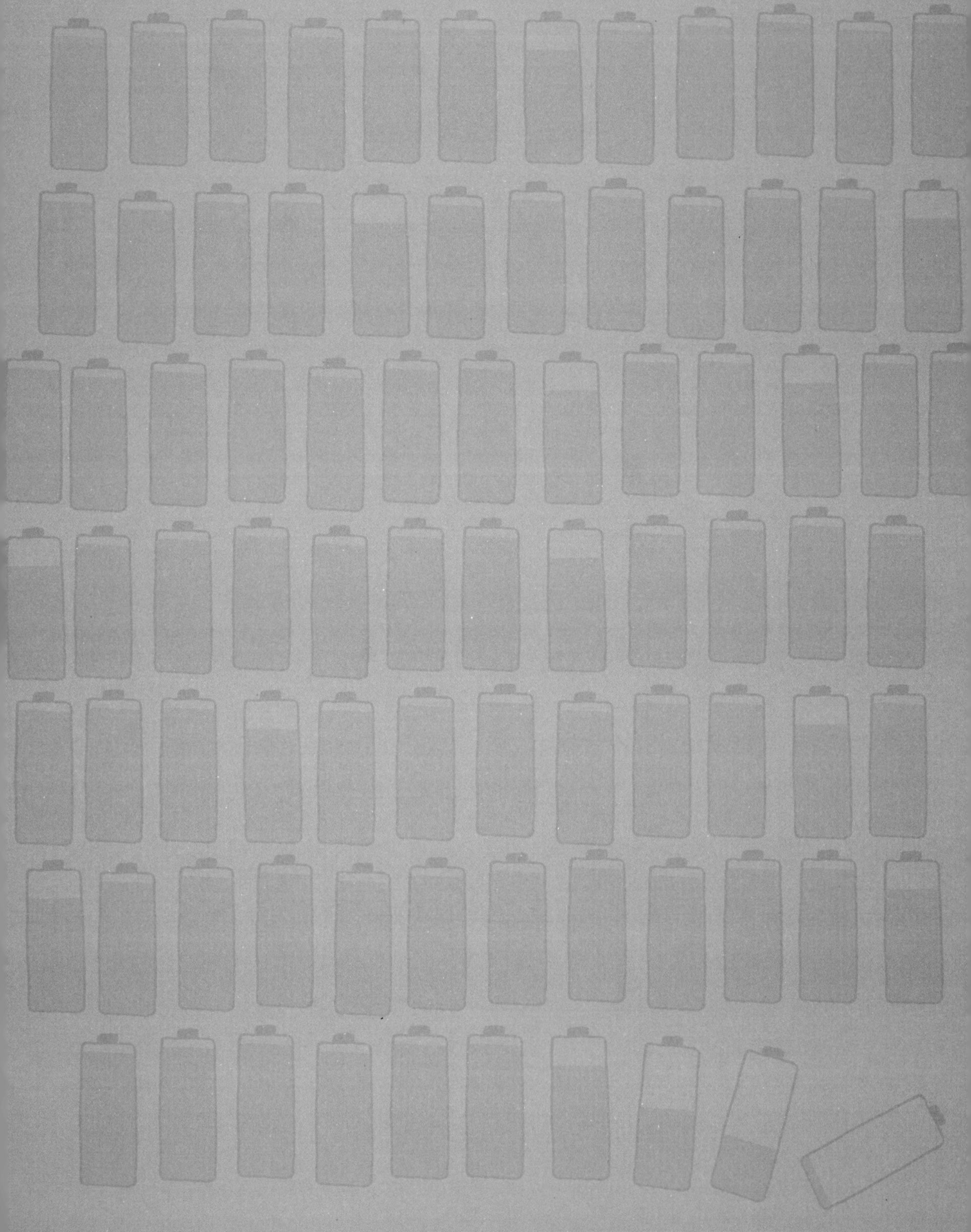

2. 超级放松

哈，被骗了！大人确实不会一直感到超级放松，他们经常抱怨自己很忙，而且承受着巨大的压力。假如每当大人说“我很忙”或“我感到很有压力”时，你就能得到 10 块钱，那么你可能成为一个超级大富翁。但大人在有压力时不会给你钱，反而更容易生气和暴躁。他们会变得无趣、紧绷，这时候你最好躲他们远点儿。

紧张

压力是感到紧张的另一种说法。大人并不是唯一会感到压力的人群，你可能时不时也会感到压力。想想你在下面这些场合时的感受：必须在学校发表演讲之前；参加聚会、表演或比赛非常兴奋，以至于让你感到胃痛。大人也会有这样的感觉。

压力，压力，压力，压力

大人常常会感到压力，因为他们必须同时做很多事情，忙于处理家里需要安排的一切和工作需要完成的事情。

当大人总是感觉自己有好多事情要做时，就会感到压力，你可能已经注意到了这一点。压力大的人往往性格古怪、喜怒无常。比如你用很正常的语气询问能不能再玩五分钟，他们都可能生气！他们看起来也的确很累，而且真的不想在晚饭后玩“怪物抓公主”的游戏。世界上压力最大的大人分布在秘鲁、黎巴嫩和厄瓜多尔。在这些国家，超过一半的成年人每天都感到压力重重！

取消波阿斯的游泳课
发电子邮件给尼恩克
给卢克买礼物
安排牙科检查
ERROR
打电话给同事
明天学校开家长会！
今晚我该做什么晚餐？
回答罗伯特的问题
别忘了给我妈妈打电话
请托比亚斯查资料
向管理层做演示
完成并提交报告

好的压力

适度的压力不一定是坏事，它可以帮助大人把事情做好，完成工作任务。当然，对孩子来说也是如此。假设你要参加一场重要的比赛，非常想取得好成绩，你可能会感到有压力。这或许会导致你高度紧张，无法思考其他的事情。但同时，这种紧张感能确保你的身体做好准备，从而发挥最佳状态。比如你会更加警觉——这意味着你可以对周围发生的一切快速做出反应；你会呼吸得更快一点，这会给你的大脑和肌肉提供更多的氧气，让你的思维更敏捷、跑得更快（或者游泳、做体操、攀爬、下棋……更厉害！好吧，你知道我的意思）。我们把这种适度的压力称为“健康压力”。比赛结束后，这种压力会慢慢减轻，你会再次感到放松。大人在面对工作上非常重要的一天时，也会感到紧张。而这一天结束时，他们就可以放松下来，压力也消失了。

小贴士：多等几天

假期最合适做有趣的事情来放松，比如外出游玩。父母经常允许孩子在假期晚一点睡觉，或是和朋友们出去玩。如果你想在假期从父母那里得到一些“许可”，那就等到他们放假几天后再说。这是因为：一般节前往往需要安排很多事情，他们必须把所有的工作做完，或者为出行做准备，比如收拾行李啦，把猫咪寄养到别人家里啦，然后他们才能安心度假，好好放松身心。但在假期的头几天，这种压力并没有完全消失，这几天他们可能也不那么轻松、愉快。所以等到假期的第四天再询问是否可以去迪士尼乐园/电影院/朋友家过夜吧，你会发现，当你的父母完全放松时，他们更有可能说：好的！

坏的压力

大人没有压力的时候其实很少。当他们陷入压力之中时，会一直感到紧张。这对大人来说可不太好，你以后也会明白的。任何人如果长时间承受过多的压力，就会出现各种令人不愉快的症状，例如头痛、感到非常疲倦、容易悲伤或生气、睡眠质量不好以及经常担心。如果这种情况持续太久，大人可能会精疲力竭甚至崩溃。

太紧张

这个词说明了一切："太"意味着"过度"。这意味着一个大人很长一段时间都觉得压力很大，甚至因为过于紧张而感到恶心。这时候他必须好好调整，花时间休息，让自己放松下来。

倦怠

你可能听过“倦怠”这个词，这是压力过大的一种表现。如果大人长期以来压力很大，一直没法抽出时间休息，最后感觉精疲力尽，他们的身体可能会在某个时刻彻底罢工，并说：“再见！”

这就跟手机电池的工作原理一样，当你电量不足还强撑着继续工作时，就会收到通知：“手机电量已不足 10% ！”如果你仍然不充电，手机将会关机，你就不能再用它做任何事情，除非把它接上充电器并等待它再次充满电。倦怠这种状态也是如此：能量消耗殆尽后，大人在一段时间内什么也做不了，只能通过休息和恢复来补充能量。对某些大人来说，这可能需要几个月的时间，然后才能重新“开机”，有的甚至需要几年的时间。不可思议，对吧？倦怠听起来确实有点儿蠢，但好消息是，大人度过倦怠期后会再次感觉良好、充满活力，只是这可能需要相当长的时间。

压力的原因

重要的是，你要知道，如果有人感到压力或精疲力竭，那不是他的错。我们只是生活在一个非常忙碌的世界。我想你也注意到了这一点，大多数孩子的日程安排都很满，包括上学、课外班、运动、聚会等。许多大人的日程也安排得满满当当，尤其是如果发生了一些意外，比如与某人发生争吵、家里有人生病或工作中发生不愉快的事情，那么压力就会直线飙升。有统计数据显示，每100个大人中，居然有 17 个人感到压力太大。

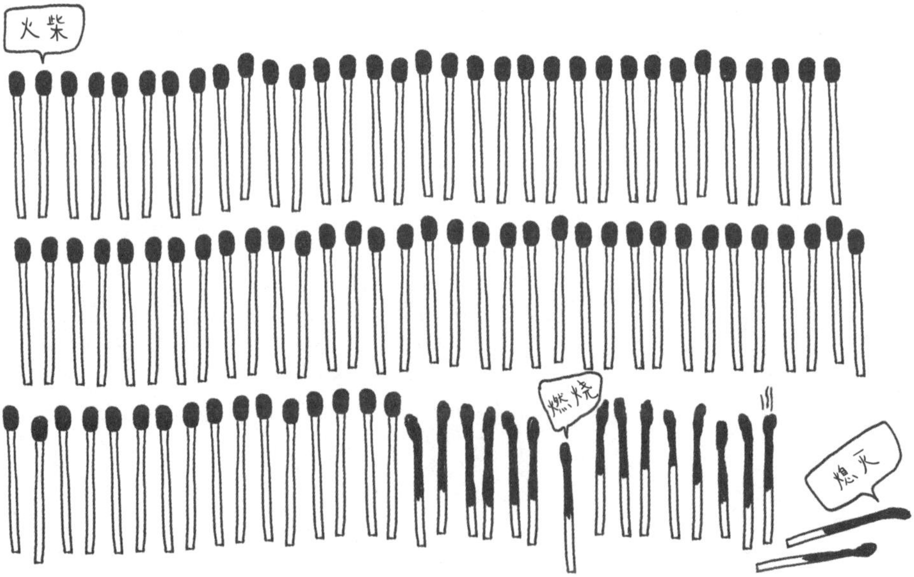

走出去

应对压力的解决方案是什么？走出去！没有什么比放松和享受更能对抗压力了。这就是为什么即使有压力，大多数大人也能过得很好的原因。大人可以做上千种有趣的事情来放松。比如我释放压力的清单包括：

- 烘烤美味的三明治
- 在阳光下喝一杯咖啡
- 与朋友见面聊上一个下午
- 和我的孩子们一起欢笑
- 踩着滑板在附近闲逛

我很好奇你释放压力的清单上有什么，还有你身边的大人们的清单上又有什么。压力大的人感觉自己像一台机器一样停不下来，但通过休息，经常做做有趣的事情，就会放松下来，甚至感觉自己根本不需要做任何事情，这简直太棒了！

小贴士：放松练习

对于大人来说，一个大家都知道的放松练习是“想象”，这意味着在你的脑海中想象一个愉快的场景。这不仅能让大人安心，也让孩子们安心。

你也想试试吗？你可以想象一个你知道的美丽、宁静的地方，也许是金色的海滩或幽静的森林，或者是图书馆的阅读角、操场上的秋千、假期的帐篷里。然后你悠闲地坐下或躺下并闭上眼睛，静静地体会这时的感受。你在那里看到、听到、感受到了什么？你感觉到阳光照在你的脸颊上吗？你是否听到风轻轻拂过你的耳朵？你闻到了大海、树叶或书本的味道吗？继续想象，让自己完全放松下来。

3. 吵架

你可能偶尔会与你的朋友或是兄弟姐妹发生争吵。大人有时也会互相争吵，通常他们会和好，但有时他们也会决定不再做朋友或者分手。他们的争吵与你无关，但却会让你烦恼。

健康的吵架

大人有时吵架是很正常的，甚至有很多研究人员认为这是健康的：把让你烦恼的事情说出来比闷在心里暗自生气或失望要好。大人可能因为任何事情发生争吵，也许这位大人正经历着不幸的一天，一切似乎都出了问题，然后他的朋友说话也特别没礼貌。这位大人就爆发了，他们可能会互相生气，暂时不想看到对方，或者吵一大架。

有时大人发现自己错了，会主动说对不起，有时对方会道歉。有时没有人有错，双方确实存在分歧，这时往往只要心平气和地坐下来讨论，通常就能化解愤怒情绪，重新成为朋友。

不健康的吵架

如果吵架时能够解释你生气的原因，尤其是能倾听对方的意见，那么这种吵架都算得上是健康的，表达自己的烦恼或者倾听别人的烦恼实际上可以让你感到放松。但大人如果在争吵时气得大喊大叫，甚至拳打脚踢的话，这就不正常了。这不仅是一种不健康的吵架方式，甚至警察叔叔都有可能上门来阻止发生更危险的情况。

这些大人可能在自己还是孩子的时候就没有学会如何用健康的方式表达愤怒，也可能是因为他们当时感觉非常糟糕，以至于不知道如何以健康的方式做出反应。

这些大人可以从心理学家（情感医生）那里得到帮助，这样他们就能学会如何以健康的方式吵架，而不至于失控。

吵架的父母

大人有了孩子后，也会经常发生一些争论，因为住在一起，每天都要见面，要一起做出很多决定。而对于一个家庭来说，不可能每个人对所有事情都有相同的看法和想法。

我也恰好是一个有孩子的大人，我承认，我也会和孩子的父亲吵架，有时是因为他记性实在不太好，经常忘记我交代给他的事情，比如要给我们的朋友买生日礼物；有时是因为他做了晚餐，但是我觉得不好吃。这些其实都是小事，但还是会意外地爆发争吵，我们彼此抱怨对方的行为很愚蠢，并解释了为什么我们觉得有些事情不该那样做。吵完后不久，我们又重新理解了彼此，想办法解决问题，并且不再彼此抱怨，一切就又好起来了。

你要知道的是，吵架并不一定意味着父母不再彼此相爱了，或者发生了不好的事情。

注意！大人的秘密

大人之间的争吵从来都不是你的错！绝对不是。

（现在你可能会想：是这样吗？如果我回家太晚，然后父母开始生气并互相争吵，这难道也不是我的错？即使这样，也不是你的错！父母的争吵是他们两个人之间的事，你对此无能为力，也无法帮助他们和解。不幸的是，两个曾经有过很多爱的大人，随着时间的流逝，他们或许会发现彼此并不合适。）

Pssst...

离婚

有时争论不再有用，大人们会选择分开。他们认为没有彼此、没有争吵，他们会更快乐。如果他们已婚，这种分开就称为“离婚”。分开并不容易，他们必须决定谁住在现在的房子里、谁拿走家里的什么东西，最重要的是，他们需要考虑如何分配对你的照顾。如果大人们互相争吵，他们可能很难达成以上这些协议，这时他们可以从律师或调解员那里获得帮助。律师和调解员也都是大人，他们的工作就是为需要的人提供帮助。

你怎么办呢？

当你的父母分开时，虽然这可能是非常愚蠢的选择，也确实会对你的生活产生巨大的影响，但你对此无能为力。因此，有些孩子对父母分开非常生气，而有些孩子则变得非常悲伤，有些还会感到十分痛苦，因为他们必须在父母之间做出选择。所有这些感受都是可以理解的：当你的父母分开时，这真的很糟糕。可能有一点帮助的是，想一想，他们永远是你的父母，在这一点上，你不需要做选择。

小贴士：找人聊聊

为了避免父母离婚对你的影响，你可以找你信任的人谈一谈，可能是某位大人，也可能是你的朋友。如果你刚好有一个父母也离婚的朋友，那么他可能完全理解你的感受。当然，你也可以和你的父母谈谈这件事，不必担心他们会因此感到悲伤或愤怒。他们这时也希望知道你的感受，才能更好地向你解释为什么他们要做出这个选择，以及这对你来说意味着什么。

好处？

离婚不一定只会导致不愉快的事情。例如，也有许多孩子因为父母终于停止争吵而松了一口气。有两个地方轮流住也可以很有趣，可以拥有两间卧室，一年可以有两次度假、两次生日庆祝活动，甚至两份零花钱，听起来是不是也不错？也许你的父母会各自建立新的关系，你的生活中也会有新的大人出现。而且，在你提要求的时候他们也不能马上商量了，这时你的机会就来了。也许本来你的妈妈不允许你养宠物，现在你终于可以在爸爸的新家那里养一只狼蛛了！又或者，你的爸爸从来不允许你在晚饭后大声放音乐，而现在你可以和妈妈一起放声大唱："go go go，啊嘞啊嘞啊嘞！"

4. 跟你吵架

大人们总是想要给你最好的，这本来是一件好事，但如果他们以为的“好”跟你以为的“好”不一样，你们也可能会发生争吵。

比如他们想让你早点睡觉，你却想多玩会儿游戏；他们希望你晚上吃蒸西蓝花，你只想吃比萨；他们希望你不要把零用钱花在糖果上，你就是想买在广告里看到的那些漂亮糖果……这样的情况太多了。

第 2920 次争吵

你跟父母在家经常吵架吗？放心，你不是一个人。几年前，一项研究调查了 2 岁到 12 岁孩子的家庭中发生争吵的情况。你猜怎么着？大多数家庭一天要争吵 8 次！（简单算一下：每月有 240 次争吵，每年有 2920 次争吵！）这些争吵通常持续约 8 分钟，而且基本都是以下主题：

· 晚餐（是的，呃，想想蒸西蓝花）

· 与兄弟姐妹争吵

· 整理你的卧室（我自己在这方面碰巧很不擅长）

· 你的就寝时间（古老的斗争：你想晚点睡，大人想你早点睡）

· 做作业（嗯，这是必须要做的，抱歉，我无法让它变得更有趣）

· 你的屏幕时间（也是众所周知的：你想要多玩会儿手机，大人想要你少玩手机。好吧，大人自己整天盯着手机！）

顺便告诉你一个好消息：同一项研究表明，在 10 个争论中，父母有 4 个是正确的，孩子有 6 个是正确的！干得好，孩子们！

疲倦使情况变得更糟

大人也是人，当人们处于最佳状态时和特别疲惫时，是完全不一样的。你可能也注意到了，你自己疲劳时所有的感觉（尤其是不快乐）都会被放大。那是因为疲惫时，你的能量告急，没办法保持乐观或用理智去思考问题：好吧，它会成功的；哦，她不是那个意思。

比如大人们度过了漫长的一天，用尽最后一点力气做饭，当他们大声喊你过来吃饭，你却说等一会儿，想要把《猫和老鼠》的最后三分钟看完时，他们可能会突然爆发。

小贴士：给父母吃点零食

你要知道，大人饥饿时往往脾气暴躁，因此有一个专门的词来形容："han·gry"（饥饿暴躁）。这是英语单词"hungry"（饥饿）和"angry"（愤怒）的组合。

如果你要告诉父母一个不太好的消息（比如，我不小心把你的新手机磕坏了一点儿），请确保他们先吃点儿东西。出于同样的原因，你永远不要在饭前要求做一些重要的事情。首先，等到每个人都吃饱了，然后再开始谈论你想在家里组织的班级睡衣派对。

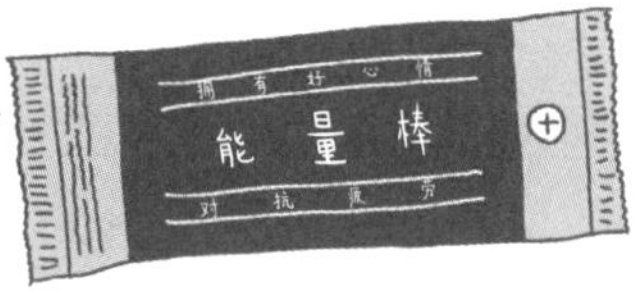

倾听（互相）

争吵常常是因为一个人不理解另一个人而产生，所以在争论中倾听对方的意见是很有用的，这样你们就能更好地理解对方，也很难因此生气。

但是当你生气时，你通常根本不想听对方说话。你可以和父母这样约定，给彼此 5 分钟来告诉对方你为什么生气。重要提示：在这 5 分钟内，对方不能说任何话，只能听。你会发现，这样做之后，可能你们还是彼此不认同，但会没有那么生气了。

小贴士：停止争吵！

如果你跟父母争吵，可以使用“STOP”（停顿）方法。你们可以约定，做一件事情来停止争吵：跳一支奇怪的舞蹈，或者把头放在水龙头下，大声数到 10（或 29，或 56）。这样可以确保所有的愤怒情绪都能稍微平息一些。在争吵中休息一下，你们就可以更平静地交谈。有时，一支疯狂的舞蹈甚至足以让愤怒的情绪完全消失。因为笑和生气并不能真正并存。

求助！

如果你经常与父母争吵，或者你觉得这种争吵非常烦人，你可能需要一些外部帮助。你周围还有其他你信任的大人吗？和他们谈谈。他们可能会给你一些好的建议，而且把这些苦恼讲出来也能让你松一口气。比如，你可以联系朋友的父母、叔叔阿姨、学校里一位可爱的老师谈一谈，或者也许你和祖父母关系很好，也可以找他们聊聊。在许多国家/地区，你还可以拨打（免费）电话来发泄自己的情绪并寻求帮助。不仅你与父母发生争吵时可以打这个电话，你担心其他事情或对某件事情有疑问时也可以打。在荷兰，这个帮助未成年人的组织称为 De Kindertelefoon，这样的组织在世界其他地方也存在：加拿大有儿童帮助电话，在比利时称为 Awel，匈牙利有 Kek Vonal，南非有儿童热线。

Part 4

这就是
他们的想法

TICKET

1. 无聊的事情

大人生活中很多时候都是在思考和做一些非常无聊的事情，比如打扫和整理东西。有趣的是：当大人做完这些事情以后，他们常常会做更无聊的事情来取乐！比如，他们在街上相遇，然后一起晃荡很长时间，或者一直傻站在那里聊天，而你却站在他们旁边，只想回家。

邋里邋遢的大人

其实，你是幸运的。因为你和大人住在一起，大部分烦人的家务都是他们来完成的。大人可倒霉了，他们必须每天收拾和打扫，否则你的房子就会变成一片尘土飞扬、黏糊糊的、闻起来像巧克力酱和花生酱的烂摊子。

如果大人们能把自己的事情安排得井井有条，家里的各种东西都放在固定的地方，那你就会得到一个干净整洁的家。但不幸的是，很多大人自己都邋遢得要命，把房间搞得一团糟，他们把脏内裤扔到洗衣篮旁边，每天都到处找钥匙、找手机、找眼镜，不记得一份重要的资料放在哪里了。你知道吗，日本还有人专门写书教成年人如何整理、如何收纳，来自世界各地的数百万人购买了这种书。我不知道这是否有帮助，因为当我环顾四周时，我看到的大多数大人仍然是懒鬼。

家务帮手

过去，大人们确实要花很多时间来做家务，比如当洗衣机还没有出现时，他们必须用手一件一件地清洗所有衣服。没有吸尘器扫地机时，他们必须用扫把打扫。幸运的是，现在有洗衣机、洗碗机和吸尘器，大人们就轻松多了。许多大人还付钱让其他大人每周或每两周来打扫一次他们的房子。

注意！大人的秘密

大人根本不喜欢整理和清洁，这就是为什么他们试图让你来干这些！但在你为此生气之前，请记住，在你生命的最初几年里，他们为你清理了一切。我的意思是一切！（嘿，他们给你换了 5000 片脏尿布！）所以你最好把自己的脏衣服整齐地扔进洗衣篮，然后整理好你的漫画书。

Pssst...

安排各种事情

“等一下，我这会儿有事。”这或许是大人们用得最多的一句话。我每天至少要说 40 来次。天哪，怎么这么多事都得由大人来处理！他们必须跟银行处理存钱或借钱的事情，要跟交通管理部门处理车辆的年检，要在各种 App 上订酒店订车票以便你们能够顺利出门度假，要约维修工下周二八点半来修坏掉的洗衣机，还要收包裹、寄包裹。更重要的是，他们还要安排你，跟你的学校、你的培训班沟通你的学习状况或计划，还要跟你朋友的父母一起安排周末去哪里玩。我可以一直不停地说下去……

买日用品
把车停到车库
与老师沟通
带娃去看牙医
嗯……
整理换季衣服
图书馆还书
给邻居买花
准备生日礼物——喷气式飞机玩具

清单和记事本

当然，大人们永远不可能记住所有大大小小的事情，这就是他们需要列清单的原因。他们经常将计划写在小纸片上，然后又把它弄丢（干得好，大人们！）。幸运的是，大多数大人有一个记事本，他们可以在里面找到他们已经安排好的事情，时间、地点、干什么，这个清单可能长得你无法想象。

错误

许多大人做日程安排时经常会犯一些错误，比如该上学的时候他可能搞忘了，但是假期的第一天却把你喊起来送去学校。大人做事总是习以为常，一旦发生改变就会乱了阵脚。

像我小时候，一般是骑自行车去学校。偶尔，如果我父亲上班恰好跟我同时出门，他就会开车带我去。当我们的车离开住的街区，来到主干道的十字路口，好玩的事情来了：要送我去学校，他必须直走；但要开车去上班，他必须右转。如果我一声不吭，那么父亲就会忘记他要带我去学校，习惯性地右转去上班。这正是我等待的时刻，这样我就可以大声尖叫：“爸爸！你开错路了！”他这时就会特别烦躁，因为他必须绕很远的路才能把我送到学校。哈哈！

无聊的事

幸运的是，大人的生活并不全是安排和整理，他们也有一些空闲时间。愚蠢的是，他们一闲下来又开始做非常无聊的事情。我列出了大人们常做的十大最无聊的事。

1. 互相谈论其他大人。

2. 喝咖啡。（我的意思是：早上或下午喝一杯并互相谈论其他大人。）

3. 喝饮料或喝酒。（我的意思是：下午或者晚上喝一杯并互相谈论其他大人。）

4. 走很远的路——而且运气不好的话，你必须和他们一起去！

5. 讨论买房子、装修房子。（打哈欠，好无聊啊！）

6. 睡觉。

7. 逛无聊的博物馆，看无聊的艺术品——运气不好的话，你还得反复跟着他们去。（如果运气糟糕透顶的话，你还必须步行去博物馆！）

8. 假期带着你参观超级古老、破破烂烂的教堂或其他建筑。

9. 晚饭后一起坐在餐桌旁，没完没了地聊天。（嗯，又是互相谈论其他大人。）

10. 读书——不是《大人们的秘密》或其他有趣的书，而是那些什么“一位悲情将军的悲惨命运”之类的玩意儿，还有“寻找×××失去的时间”……哦抱歉，我开始打瞌睡了。

注意！大人的秘密

大人们都有一颗八卦的心，但他们可能会正经八百地告诉你谈论他人是不礼貌的。他们自己呢，一看到体育老师表弟的妹妹和嫂子朋友的儿子在一起，他们就能聊上几个小时。他们可不止八卦身边的人，也喜欢八卦电影或电视里的明星，如果一个明星昨天穿了一件红色 T 恤，今天穿了一件紫色裙子，大人能不歇气地看上 39 张照片，并在网上到处找文章，来了解这个明星穿紫色裙子意味着什么以及在哪里可以买到同款。

奇怪吧，但这就是真实的大人。

2. 他们的手机

大人们似乎对手机上瘾了，他们整天把那个东西拿在手里，然后把它收起来只是为了告诉你要注意你的屏幕时间。这手机究竟有什么魅力让大人这么痴迷？

有用

让我们面对现实吧：手机的确非常有用。在过去，大约25年前，你能想象手机只能用来打电话吗？如今，它是一种设备，可以用来：

- 拍照
- 导航
- 阅读一本书或一份报纸
- 看视频
- 玩游戏
- 浏览网站
- 买东西
- 付钱
- 收发短信和邮件
- 哦，是的，还有打视频电话

简而言之，它集购物车、钱包、相机、游戏机、电视、图书馆和邮递员于一体！你拿着它总有一些事情可以做，这正是大人对手机爱不释手的原因。告诉你一个数据：在美国，大人每四分钟会看一次手机。**每四分钟！**也就是说除了睡觉时间，他们每天可能要看屏幕 240 次。干得漂亮，大人们！

手机使用时间

在世界各地，大人每天使用手机的时间大约为 3 个小时，这相当于大约半个工作日！每天 3 小时乘以一年 365 天，意味着大人每年在手机上要花费 1095 小时，总共 45 天！一个半月！！相当于整个暑假没日没夜地看手机！！！

在一些国家，这个时间甚至更长：例如在菲律宾，大人每天看手机的时间差不多是 6 个小时！泰国位居第二，那里的大人每天花 5 个半小时在手机上。巴西、阿根廷、哥伦比亚和南非并列第三。在这些国家，大人平均每天花 5 个多小时看手机。恭喜你们荣获前三名！

注意！大人的秘密

他们整天拿着手机做什么？什么也没干！！这正是可悲的地方，他们根本没有做任何重要的事情。他们拿着手机看新闻，看其他大人对这条新闻的看法。他们向朋友转发了一段有趣的视频。他们打开购物软件看有什么东西可买的，打开社交软件看看朋友是不是上传了新照片或视频。他们检查银行账户里有多少钱。他们看是否有人发消息过来，然后隔一会儿再看一下是不是有新消息……这简直能让你发疯！

Pssst...

上瘾

许多大人看起来沉迷于手机，实际上他们的确是对手机上瘾了。他们也知道不能花太多时间在手机上，但他们仍然忍不住时不时看手机。不知不觉，又盯着屏幕看了半个小时。对于大人来说，不看手机可太难了，因为手机就是故意让人上瘾的。

让你上瘾的诡计

为手机开发应用程序的公司希望大人在这些应用程序上花费更多的时间，这样他们才能赚钱。他们想出了各种各样的技巧，让你不想放下手机，例如：

· 不停地给你推送新的东西。

· 每天玩游戏即可获得奖励。（如果你漏了一天，奖励就没了）。

· 应用程序旁边会出现一个红点，只有你点开它，红点才会消失。

即使是手机上一个简单的通知——叮！“您有一条新消息！”，也需要点一下那个红点才会消失——这会让人上瘾。

我们的大脑非常喜欢新事物，它总是迫不及待地想知道每个新通知里发生了什么。对于想要减少手机使用时间的大人来说，关闭所有应用程序的所有通知是个好办法，这通常能起到很好的效果，这样他们就不再被所有的“叮”引诱了。

当然，把手机扔海里效果更好，但话又说回来，大人们可不希望这么干。

手机病

因为人们在手机上花费了太多时间，以至于一旦他们忘带手机，就会感觉浑身不对劲，手都没地方放了。医生们为此想出了一个特别的词——“无手机恐惧症”。患有无手机恐惧症的人几乎把手机当成了身体的一部分，如果有一段时间不能看手机，他们就会感到无措、愤怒、悲伤或害怕。

除此之外还有“幻觉震动综合征”，这是一个复杂的词，用来形容你的手机明明没有响动，但你却感觉到手机在振动或听到手机的嗡嗡声。（有一次我在法国度假时以为我的手机在嗡嗡作响，结果却是远处一头牛在哞哞叫，这就是幻觉震动综合征。）

小贴士：幻觉震动游戏！

你能发出一种声音，让大人以为他们的手机正在嗡嗡作响吗？你可以用嘴巴制造这种声音，类似蜜蜂靠近时发出的低沉的嗡嗡声，或者通过移动某件东西来发出这种声音。你一定要试试看！愚弄他们几次，看看他们的反应！

对你严格

大多数大人实际上也知道他们长时间地看手机是在浪费时间，这就是为什么他们可能会非常严格地关注你的屏幕使用时间，他们不想你也变成跟他们一样的手机僵尸（或平板电脑僵尸）。这是对的，不要在屏幕上花费太多时间，在户外玩耍或与朋友一起放松更有趣、更健康。你的父母希望你长大后成为一个能很好地使用手机、但也能轻松收起手机的大人。当然，如果他们自己能为你树立一个好榜样是最好的。

小贴士：引起内疚感

对你来说，好消息是，大人通常会对他们花这么多时间在手机上感到不好意思。你可以利用这一点！偶尔说上一句“我觉得很难过，你们宁肯看手机也不愿意陪陪我”，你的父母往往会觉得愧疚，也许之后会尽力减少花在手机上的时间。（也许你还能获得额外的美味的点心、冰淇淋或游戏时间。）

别忘了说这些话的时候要让自己看起来很悲伤，有必要的话请先与兄弟姐妹一起练习或对着镜子练习。

请注意：几天后，他们想要少看手机的决心就会消失。如果你对此不满，可以直接说他们在手机上花费了太多时间。如果你对此特别不满，可以建议他们在特定的时间把手机放在一个特殊的地方，比如抽屉、盒子或橱柜里。这样，当你跟他们说话时，他们就不会一直想看手机。

你可以查看他们手机上的屏幕使用时间记录，然后让他们同意你第二天可以在平板电脑或手机上玩相同时间的游戏，我打赌他们很快就能把手机收起来！

3. 金钱

无论他们愿不愿意，大人都得关心金钱，他们想知道自己赚了多少钱以及花了多少钱。这是有道理的，因为他们需要钱来买东西和支付账单。

哎，说到钱，你的零花钱够吗？

穷人和富人

并非每个人都有相同数量的钱。如果他的钱（远）少于舒适生活所需，那么他被称为“穷人”；而那些拥有（远）多于他们舒适生活所需的钱的人，我们称为“富人”。富人和穷人之间的财富差异可能非常巨大而且也很不公平。一个工作非常努力甚至同时做两份工作的大人，比如那些白天在餐馆里洗盘子，晚上在超市收银台工作的人，他能获得的收入远低于那些出生就非常富有、可以躺着什么都不干的人。

贫穷的国家

在一些国家，许多人很穷，他们或者因为找不到工作，或者工作给的报酬不多；或者因为食物等生活必需品很贵导致他们没有多余的钱；或者大量的钱被一些富有的大人赚走了。

你可能认为，贫穷的人应该努力工作去赚钱。但在一些国家，那些在贫困家庭里长大的孩子，往往从小就开始打工赚钱来补贴家用，比如在非洲的索马里、厄立特里亚、南苏丹和几内亚比绍。孩子们没钱上学，当然，也无法找到体面的工作，所以成年后，他们仍然贫穷。欣慰的是，有许多大人和慈善机构正在努力一点点改善这样的状况。

富裕的国家

在富裕的国家，所有孩子都可以免费上学，成年人的工作机会也比较多。但即使在富裕国家，也有一些大人是贫穷的，比如因为不幸生病而无法工作的大人，或者工作收入不足以支付账单的大人。这些大人通常可以通过多种方式获得帮助，在荷兰、比利时、德国、法国和加拿大等国家都有食品银行，买不起食物的大人可以到这里领取免费的食物。有些地方还为贫困家庭设立了专门的基金，这样父母没钱的孩子仍然可以参加体育运动、上音乐课、参加学校旅行。

花钱

大人很善于花钱。大多数家庭每月要花非常多的钱，但是这些钱很多都没有花在有用的事情上，比如每天一块提拉米苏蛋糕或是最新款的游戏机。相反，这些钱都花在了非常无聊的事情上，比如家里的水费电费，或是去蔬菜店买西蓝花。

为了让你有更加直观的了解，我列出了荷兰和比利时有两个孩子的家庭常见的每月支出清单。

养娃相关的费用……800 欧元
汽车（汽油、停车费等）……300 欧元
煤气、水和电……200 欧元
医疗支出……250 欧元
手机话费、网络费用……100 欧元
生活日用品……650 欧元

这已经超过2000欧元了，还不包括路费、美发费用、购买礼物、聘请保姆或假期支出！

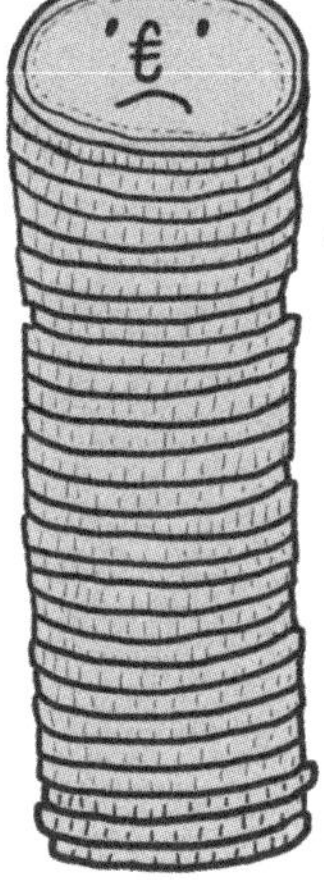

注意！大人的秘密

金钱并不能让你快乐，非常富有的人可能会极度不快乐，即使他们被金钱淹没了。而那些没有太多钱可花的人其实也可以非常幸福。

幸福是买不到的

你可能认为这是我乱说的，但这个结论是由两名美国研究人员完成的，他们做了一项调查，询问了数十万大人他们有多少钱，他们有多幸福和满足。你猜结果是什么？如果你有足够的钱而不必担心是否买得起日用品和房子，那么更多的钱并不会让你更快乐。

当然，没有足够的钱会让你不快乐。这很好理解，如果你没有钱吃饭，也没有地方住，就很难快乐。

吞金兽

你知道大人花钱最多的是什么吗?

是的，就是你!

养孩子的费用非常昂贵，研究人员统计，欧洲的父母把孩子养到 18 岁，大约需要花费 10 万（十万！）欧元。十万欧元！这些钱花在了各种各样的事情上，想想你的衣服、食物、饮料、学校旅行、神奇宝贝卡、陀螺、电影、惊喜、零用钱、棋盘游戏、假期、保姆、体育俱乐部和派对，啧啧!

欧洲的父母还算是很幸运的，据研究人员的统计，在美国养育孩子的成本是欧洲的两倍，每个孩子高达 20 万欧元!

在此发布重要公告！！

你可能要花大人很多钱，但你的存在让你的父母得到的快乐是无价的！你永远不必因为大人需要赚钱来为你买东西而感到内疚，你花的钱只是其中的一部分。

儿童福利

为了帮助父母支付这些养娃的费用，在许多国家，孩子们会收到一些额外的补贴，我们称之为“儿童福利”。在一些国家，只有收入不多的大人才能领取儿童福利，而在有些国家，每个有孩子的人都可以获得儿童福利。例如在荷兰，所有父母都可以每月为每个 12 岁以下的孩子领取 93 欧元，在爱尔兰是 140 欧元，在比利时则不少于 160 欧元。如果有孩子的大人赚的钱很少，他们通常可以获得一些额外的支持。放心，大人们已经安排好了，不会让你饿肚子。

做梦

虽然金钱买不来幸福，但偶尔幻想一下如果自己是超级富豪，还是很好玩的。如果你瞬间成为百万富翁，你想要做什么？（我会立即买一栋漂亮的大房子，前面有一个大花园，花园里有一个巨大的蹦床、一个菜园和一个花棚。还要养上几匹设得兰小马，它们就像割草机一样可爱，或者养几只侏儒山羊。到底养什么好呢？我好纠结……）

哎，可是很少有大人能立即成为百万富翁，除非——他们中了彩票！

小机会，大奖励

很多大人偶尔会花几欧元买一张彩票，希望自己能中大奖。当然，赢得头奖的概率非常非常小。在荷兰的新年夜彩票中，中头奖的概率是七百万分之一！在美国的强力球彩票中，中大奖的概率只有二点九二亿分之一。你比较一下，你被鲨鱼袭击的概率是一千一百万分之一——这种情况几乎从未发生过。

你知道谁才是真正倒霉的：美国的迪伦·麦克威廉姆斯。他 17 岁时被响尾蛇袭击，18 岁时被

熊袭击，20 岁时被鲨鱼袭击！这种情况发生在同一个人身上的概率是 1/893 000 000 000 000 000。我想他肯定更愿意把这种“幸运”用来中彩票。

小贴士：检查你的零用钱

关于大人的财务状况我已经说得挺多了，对你来说，更重要的问题是：你有足够的钱吗？大人在这个问题上可能也很糊涂，很有可能他们曾经给你设定过一笔零花钱金额，但已经有很长时间都不增加了。所以你可以问问周围的同学或是邻居的孩子能拿到多少零花钱。你得到的零花钱很少吗？答对了！赶紧去找你的父母要求增加零花钱。

免费享受

有些大人太忙于赚钱，以至于忘记了停下来环顾四周并享受世界上所有的美丽，他们实际上有点忘记了生活，可惜吧？只要想想哪些事情对你来说很重要，以及你是否需要很多钱来买它们，也许就会对是否需要赚那么多钱有新的看法。与朋友共度时光？免费！想出去看看野生狐狸或翠鸟（或鲨鱼！）吗？免费！想给你最爱的人一个大大的拥抱吗？是的：免费！

4.“我的时间”

你可能从某位大人那里听说过这个词，英语单词为“me-time”（发音为“蜜一泰”）。这个词的意思是我自己的时间，大人都喜欢它。但他们在那个属于我的时间里到底做了什么？为什么这对他们如此重要？同样重要的是：他们还有足够的时间陪伴你吗？

时间就是时间

每个人，从婴儿到成人，都有相同的时间：一周总是 7 天，每天有 24 小时，每小时有 60 分钟，每分钟有 60 秒。每个人都有特定的事情需要在一天内完成。

婴儿时间

对于婴儿来说，这一天是美好而有序的：睡觉、喝奶、撒尿、看起来可爱、再喝奶、打嗝、哭、再睡觉、因为尿布满了而醒来——然后一切重新开始。

幼儿时间

年纪越大，要做的事情就越多。除了睡觉、吃饭和上厕所，幼儿还必须去托儿所或幼儿园，和朋友一起玩，搭积木塔，画芭比娃娃的头，偷偷地把厕所的卷纸扯光，与兄弟姐妹们争吵，看《汪汪队立大功》，抱怨不想吃蒸西蓝花。

童年时间

然后你，变成一个已经可以独自做很多事情的大孩子了。你必须睡觉、吃饭、喝水、上厕所，还要上学。你可能会去一个兴趣班，学习跳舞、足球、篮球之类的，与朋友聚会、玩游戏，搭建乐高房子，出去吃点好吃的，在平板电脑上玩游戏或者看电视剧，抱怨你真的不想吃那些一点味道都没有的蒸西蓝花。简而言之，你的日子过得很充实。

没有孩子的大人

对于没有孩子的大人来说，他的一天可能是这样过的：睡觉、吃饭、上厕所、工作、用吸尘器打扫客厅、喝咖啡、遛狗、记住今晚要吃“美味”的蒸西蓝花、购物、做饭、与朋友聚会、锻炼身体、去看电影、给父母打电话、在 Netflix（网飞）上看剧，当然还有经常看手机。

有孩子的大人

有孩子的大人，他们的日程安排与没有孩子的大人基本相同，除此之外还需要：

叫醒孩子、给孩子做三明治、给孩子准备水果、确保孩子刷牙梳头、带孩子去托儿所或学校、与其他家长聊天、回去拿孩子忘记在游乐场的书包，接孩子放学，带孩子去运动，与孩子平静地/暴躁地争论，告诉孩子不要看太久的电视剧，和孩子争论应该尝一口蒸西蓝花，给孩子们读书，送孩子们上床睡觉，给孩子们再喝一口水，生孩子们的气，因为他们现在真的必须去睡觉了，为孩子们终于睡着而高兴。

哟，我了解你的，光是读完所有这些任务就感到厌倦了。每个人一天都有 24 小时，但没有人像带着孩子的大人一样，在这 24 小时里有那么多事情要做。

我的时间

这就是为什么“我的时间”对于大人来说如此重要，因为这是他们除了自己之外不必考虑任何事情或任何人的时候。没有任何规则规定你在“我的时间”里到底应该做什么，它可以是坐下来阅读一本书喝一杯茶，不受干扰地待上半个小时；也可以是听着摇滚乐四处晃荡；或者拿上一大袋薯片看足球比赛。在“我的时间”里，大人可以做任何想做的事情。

属于你的时间少了？

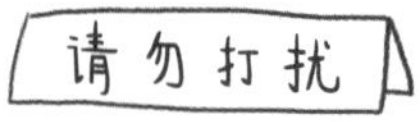

等一下，如果那些大人一直使用“我的时间”，那“你的时间”呢？别担心，“我的时间”不会影响“你的时间”。在许多国家，大人们都认同花大量时间陪伴孩子很重要。过去情况则有所不同，你的祖父母还是小孩子的时候，大人很少陪伴孩子。当然，他们给孩子们食物，并确保他们按时睡觉，但那时的大人确实不会陪着孩子捉迷藏，当然也不会带着孩子去咖啡馆或图书馆，孩子们必须自娱自乐。那时也没有 Netflix，对吗？

或许你可以问问你的爷爷奶奶小时候放学后都做什么，也许在玩恐龙骨头？

注意！大人的秘密

上厕所的时间就是大人们“我的时间”！你没想到吧？大人们但凡是想拥有更久一点的“我的时间”，上厕所就是最佳选择：

·可以安静地坐着。

·可以看手机或看书。

·门上有锁。

·（通常）不会受到打扰。

当然，在厕所里待着也有缺点：

· 很臭。

· 如果待很久，其他人会担心。

·手机可能不小心掉到马桶里，然后你必须把手伸进马桶（哎呀！）才能拿出来。

给你更多的时间！

过去 50 年来，许多国家的父母陪伴孩子的时间增加了一倍！现在有更多陪伴孩子的方式，玩耍、阅读等。（还有任天堂、平板电脑和 Netflix，你很幸运！）但相比于 50 年前，大人们也有更多的工作要做。简而言之，大人现在的日程安排更加繁忙，这就是为什么他们时不时地需要“我的时间”，让自己休息一下。

在美国，人们甚至试图通过指定一个特殊的日子来吸引更多人对“我的时间”的关注，这一天就是 3 月 28 日，提醒大家应该多给自己一点时间。你觉得这个日子有意义吗？

小贴士：一起享受“我的时间”

“我的时间”不只是大人的专利，也许你也很想不受干扰地阅读，没有大人一会儿问你今天在学校怎么样，一会儿又告诉你该打扫房间了。谁知道呢，你也许可以安排一个与全家人一起度过的“我的时间”，让每个人都可以不受干扰地做自己想做的事情。

5. 关心你

大人最关心的事情之一就是你！他们非常爱你（甚至超过他们的手机！）。他们关注你是否快乐，是否可以更好地照顾你，这就是为什么他们总是喜欢打扰你。

注意！大人的秘密

这也许是我在本书中揭示的一个最大的关于大人们的秘密……

你准备好了吗？它就是——

你爸妈才不知道怎么做父母呢！

是的，你没有看错，你的父母就是直接做了父母，他们在尝试和错误中摸索和跌倒，试着成为更好的父母。

想一想：

· 他们在生孩子之前从未为人父母。

· 他们没有上过家长学校。

· 他们没有获得家长文凭。

简而言之，他们是绝对的初学者。

（你是最大的孩子还是独生子？恭喜你，如果你是最大的孩子，你实际上是你父母的培训师。多亏了你，他们才成为父母并学会了如何做到这一点！干得好！）

无使用说明

大人希望你能开心地长大，但不幸的是你出生的时候他们没有同时收到使用说明，所以他们只是尝试做他们认为最好的事情，有时效果很好，有时效果较差。例如，当你还是个婴儿的时候，你本来是因为太热而大哭，但你的父母却认为你是饿了，泡了牛奶来喂你；或者也许你因为饿了而哭泣，但你的父母却给你盖上了厚毯子。（或者也许你的呼吸有点奇怪，这让你的父母吓坏了，半夜带你去看医生，医生压根找不到什么问题，然后你就打了个大大的嗝，你的父母因此非常羞愧，你其实啥事也没有，他们却紧张得大半夜开车去医院……什么，我就是这个例子中的父母吗？我不想谈论这个。）

幸运的是，你现在已经这么大了，可以给他们一些“使用说明”了。你要知道，这么做对你的父母来说很有用。如果你早上拖拖拉拉，你的父母可能会生气。但如果你告诉他们你之所以拖延是因为你对等会儿要参加的演讲感到紧张，他们就能更好地理解你，并给你一些额外的鼓励。

不停地问

大人们对你的生活非常好奇，他们每天都会问你同样的问题，以了解你到底在做什么。烦人！本来你放学回家，只想冷静一下，但是他们会一直问个不停：

大人：“嘿！今天在学校过得怎么样？”

你：“很好。”

大人：“啊，太好了！你做了什么？”

你：“就很好呀。”

大人：“哦，你的数学考试考得怎么样？”

你：“还不错。”

大人：“你的朋友卡琳怎么样了？你跟她聊天了吗？聊了些什么？你午餐吃了什么？午休期间做了什么？午休时你那儿的雨也下得那么大吗？……”

你：“我要去玩游戏了。”

啊啊啊，他们为什么每天都这样做？原因是：大人觉得你很难拥有自己的生活。

当你还是个婴儿的时候，他们就已经有了你，并且清楚地知道你一天中每一分钟都在做什么（哭泣、睡觉、打嗝或撒尿）。但年纪越大，你就越能拥有自己的生活，大人必须习惯这一点。所以，如果他们用各种各样的问题来打扰你，他们并不是故意的，他们正在学习接受让你独立过自己的生活。要知道，这有点难，也需要更多的时间。

小贴士：想想你应该跟谁提要求

有时你事先就可以预判结果：比如在吃晚饭时，你实在不想再要蒸西蓝花了，想说你的肚子已经饱了，但又还是想吃薯片，哈哈哈哈哈哈！这时，永远不要先询问那位大概率会拒绝你的家长，而应该问问另一位比较好说话的！大人认为他们应该在对待孩子的问题上始终保持一致，因此，如果一个人说“不”，另一个人也会这么说；而如果一个人已经说“是”，另一个人就不能反对，然后你就可以开开心心地吃薯片啦！

一群吹牛皮的

你是否曾经画过一幅让你感到非常自豪的画，或是搭了一个自己特别满意的乐高建筑，高兴得想要与全世界分享？你的父母对你也有同样的感觉！你是他们创造的最可爱、最美丽、最帅气的东西！他们想把这个告诉任何想听的人，这就是为什么他们喜欢向他们的朋友、其他家人展示你的照片和视频，这就是为什么他们有时会向你几乎不认识的大人唠唠叨叨聊很多关于你的事情。是的，你对此感到害羞，但你又无能为力。他们太为你感到骄傲了，无法闭上他们的嘴。而且，有趣的是，当你自己成为大人时，你也会这样。（事实上，当你读到这里时，我爸爸很有可能正在向某人吹嘘我写了这本书。）

小贴士：向父母争取

如果你想获得父母的支持，请做好充分的准备。当你为某件事竭尽全力时，大人很快就会觉得你是个好苗子，他们会不遗余力地支持你。看看美国女演员艾玛·斯通就知道了，她14岁时，做了一份“好莱坞计划”的PPT，通过演讲展示给父母，最终说服父母为了她的演艺梦想举家搬到好莱坞。你知道吗，她成功了，她赢得了奥斯卡奖，这可是一个重要的电影奖项。

我小时候也有一个很好的例子，尽管比艾玛的动静要小一些。我13岁时，收集了全班同学和邻居的签名，以说服我的父母让我第二次打耳洞。是的，这本书是由拥有第二次打耳洞的幸运者所写的。

当然，我也知道：这种策略并非在所有情况下都有效。比如我小时候曾经想成为一匹小马的快乐主人，但是，没能成功……

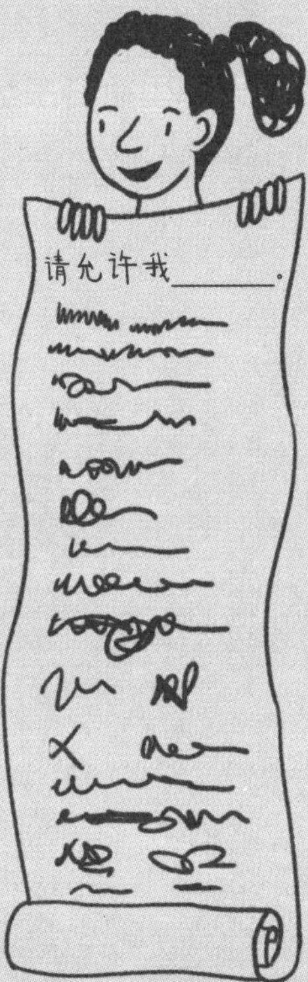
请允许我______.

关于
大人的测验

哇，你读完了整本书（或者你跳到了这个测验）。现在你知道关于大人的一切了吗？只有一种方法可以找出答案——快速参加精彩的大人测验，看看你能得多少分！

1. 大多数大人更喜欢以一杯咖啡开始新的一天，因为咖啡可以帮助他们：

A. 大人醒来时，咖啡中的咖啡因会给大人额外的能量。

B. 坠入爱河时，咖啡中的咖啡因会进入大脑，让他们戴上粉红色的眼镜看世界。

C. 看得更清楚，咖啡中的咖啡因有助于他们的眼神格外犀利。（这就是为什么他们经常一边喝咖啡一边看报纸，这样他们就能更清楚地看到字。）

2. 什么是典型的大人的谎言？

A.“如果你再这样，我就送你回房间了！”

B.“我也不知道最后一块巧克力去哪了！”

C.“你能安静一点吗，我很累。”

3. 如果一个大人的手机掉进水里，很可能是掉到：

A. 游泳池（当大人拿着手机滑下滑梯时）。

B. 大海（大人走在海滩上并思考“扔掉我一直忍不住要看的愚蠢的手机”！）。

C. 马桶（当大人坐在马桶上看手机时）。

4. 在世界上的一些地方，有些大人真的活得超级老，那是因为：

A. 那里喝的水使他们的身体更年轻。

B. 在那些地方，他们过着健康的生活：进行大量锻炼，吃的食物是健康的，压力很小，而且身边有朋友和家人。

C. 巴卡伊旺达（一种生长在这些地方的超级神秘、超级健康的浆果）。

5. 大人是理性的、有智慧的，他们永远不会争论以下问题：

A. 丈夫 / 妻子忘记开洗碗机，所以现在没有干净的餐具（烦人！）。

B. 谁吃掉了他们都想要的最后一块薯片（啊哈！）。

C. 大人根本不是理性的、有智慧的人。他们争论一切，包括洗碗机和薯片（尤其是洗碗机和最后那块薯片）。

6. 什么样的户外活动最适合大人？

A. 独自去树林里寻宝，因为他们认为这会很有趣。

B. 召集一群朋友一起去森林寻宝。

C. 支付 40 欧元参加其他大人组织的森林寻宝活动。

7. 成年人就像孩子一样：

A. 他们也会非常无聊、饥饿并且不想做任何事情。

B. 当他们吵架时，会对朋友说："你不能来参加我的聚会！"

C. 如果他们在工作中不能按自己的方式行事，那么他们会大哭。

8. 对于想要更多头发的大人来说，到底有什么疯狂的做法？

A. 与护发师预约，护发师会对头皮说甜言蜜语，以促进头发生长（“来吧，亲爱的头发，长起来！长起来！”）。

B. 在仍有大量头发生长的地方取出毛囊，并将其种植在头上秃顶的地方。

C. 用猩猩粪便进行按摩，这些粪便会刺激斑秃处的毛发生长。

9. 如果你在假期中想向大人提要求，什么时候最合适？

A. 假期的第一天，他们刚刚完成所有的工作和安排。

B. 在假期中，当他们完全“清醒”的时候。

C. 假期的最后一天，他们马上要回去工作了。

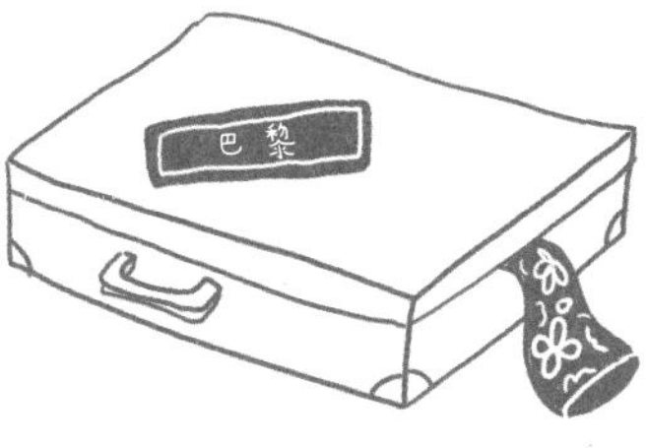

答案：
1A、2B、3C、4B、5C、
6C、7A、8B、9B。

数一数你答对了多少个。

答对 0~3 题:

哎呀，大人还有不少秘密要告诉你，如果你想进一步了解他们，可以再读一遍这本书。如果你不想这样做，也没关系，因为你以后会自动成为一个大人，然后你就会知道一切。所以你现在不妨出去玩。出门时，带上一块美味的巧克力来犒赏自己参加了这个测验，这是你应得的！

答对 3~6 题:

不错！你已经在成为一名真正的大人专家的路上了。在未来的几年里，你一定会发现更多重要的大人的秘密。现在就拿一块美味的巧克力作为这次测验的奖励吧！

答对 6~9 题:

嘿，你是不是假装孩子的大人？我以为我们已经明确表达过这本书不适合你！你是不是忘了？尤其是你居然边玩手机边看这本书？好吧，如果你非要假装自己是孩子，那也行。

哦，你是个孩子吗？做得好！！！你真的对大人了如指掌。恭喜！您可以犒赏自己一块美味的巧克力*，告诉你的父母这是这本书的作者允许的。

* 不，偷偷看的大人，你不配得到巧克力！

索引

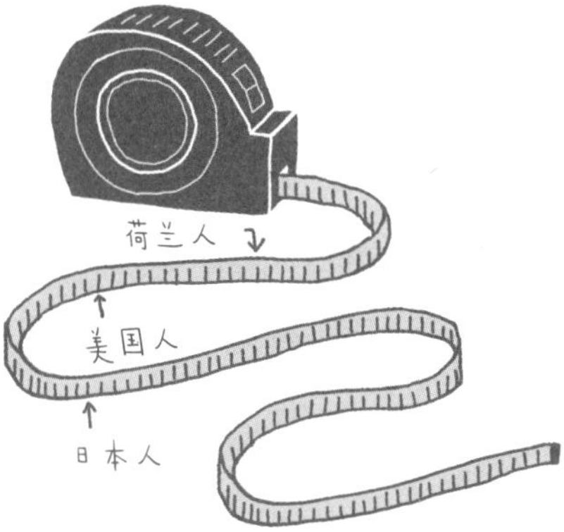

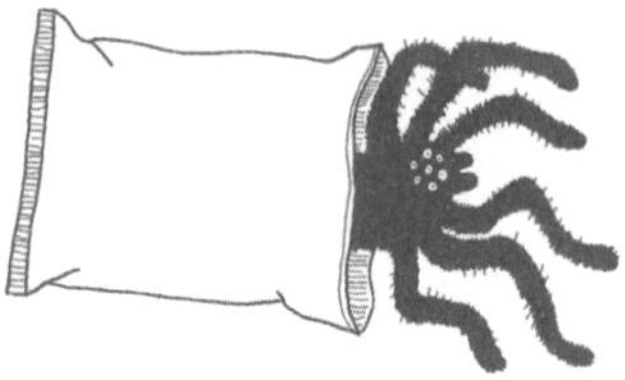

致谢

当一位大人写了一本书时，她经常会在那本书的结尾感谢其他大人，例如，她的编辑伊琳娜（Irina）和出版商索菲（Sofie）以及整个拉侬（Lannoo）团队，因为他们相信这本有关大人的书，并以巨大的热情和专业度，让这本书从最初的想法到呈现在你手中。当然还有插画家温迪·潘德斯（Wendy Panders），她用超级有趣的插图和幽默帮助我完成了这本书。

然后她还会提到一些她爱的人。写书是一项相当漫长的工作，如果你的朋友在你身边，用善意的话语和好玩的笑话来支持你，那就太好了。即使你不写书，有这样的朋友也很幸福。大人经常在这里列出一个名单，作为读者的你，并不认识名单上的这些人，但这并不重要，这份名单是为了确保名单上的这些人知道他们很重要，他们是梅特（以及首席校对员卢克！）、托拜厄斯、苏斯、尼恩克和罗伯特。

有时大人也会向同事致以谢意，在这种情况下，要感谢她亲爱的南斯逖格和弗兰克。

也要感谢（无论有意地或无意地）借给我符合人体工程学椅子的人，这本书的大部分内容都是在这个椅子上写成的。

最后，大人给她的家人写了一封信。例如，她感谢她出色的父母，玛蒂尔达和汤姆，因为他们培养了大人对书籍的热爱（他们一起读书，大声讨论），并且总是在大人身边讨论读书。当然，她还要感谢自己的丈夫欧内斯特，他是世界上最好的男人（对不起了，其他男人），他从未对她失去信心，他和她一起度过了新冠疫情期间的艰难日子，享用了最美味的菜肴——有时甚至配上蒸西蓝花，经常为她做饭，并且和孩子们一起起得很早。

哦对了，大人还想提一下她的孩子们。因为你们是世界上最可爱、最漂亮、最有趣的孩子（对不起了，其他孩子）——马森和波阿斯，我为你们写了这本书。

最后，你可能已经注意到，并非所有大人都像我在本书中描述的一样。例如，有不喜欢咖啡的大人，有没有压力的大人，有的大人从不偷偷吃薯片，如果你仔细观察，这个世界上可能还有一些大人并不沉迷于手机。

事实上，这同样适用于大人和孩子：每个人都是不同的，这正是这个世界如此有趣的原因。

图书在版编目（CIP）数据

大人们的秘密 / (荷) 朱莉·德·格拉夫著 ; (荷) 温迪·潘德斯绘 ; 傅豪译. -- 长沙 : 湖南教育出版社, 2024. 9. -- ISBN 978-7-5539-9832-9

Ⅰ. I563.85

中国国家版本馆CIP数据核字第2024AK8582号

Original title: Het geweldige Grote Mensenboek. Waarom Grote Mensen nooit meer buitenspelen, zeuren dat jij je groente moet eten en zelf chips pakken als jij in bed ligt.
Translated from the Dutch language
www.lannoo.com

DAREN MEN DE MIMI

大人们的秘密

出 版 人：刘新民
责任编辑：姚晶晶
封面设计：王紫若
出版发行：湖南教育出版社（长沙市韶山北路 443 号）
电子邮箱：hnjycbs@sina.com　　网　　址：www.jiaxiaoclass.com
微 信 号：家校共育网　　客服电话：0731-85486979
经　　销：全国新华书店
印　　刷：长沙新湘诚印刷有限公司
开　　本：787 mm × 1092 mm　1/16
印　　张：14.25　　字　　数：160 千字
版　　次：2024 年 9 月第 1 版　　印　　次：2024 年 9 月第 1 次印刷
书　　号：ISBN 978-7-5539-9832-9
定　　价：48.00 元

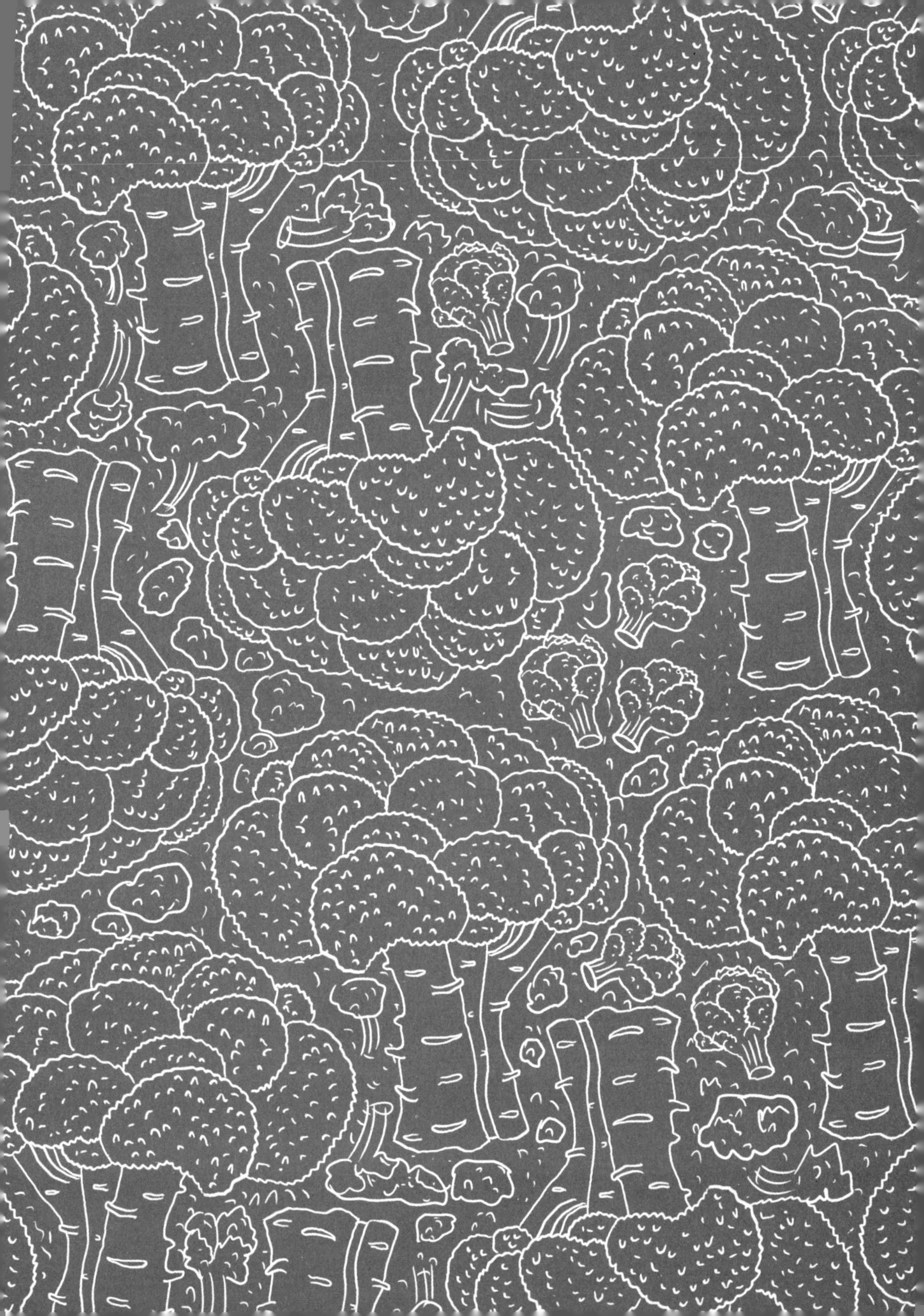